KB197194

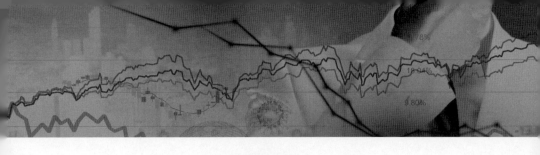

윤석열 정부의 경제정책 전환,
무엇이 문제인가

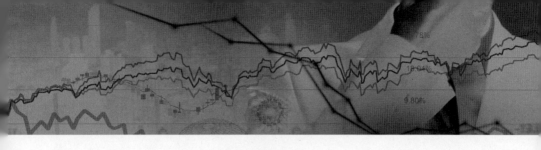

윤석열 정부의 경제정책 전환, 무엇이 문제인가

서울사회경제연구소 엮음

김용복·류덕현·강병구·임재만·이상영·정흥준·홍민기 지음

한울
아카데미

차례

제2부 부동산: 부동산 불안정 해소 정책

제3부 노동: 노동개혁 정책

한국경제의 당면 과제와 윤석열 정부

김용복

2022년 5월 윤석열 정부가 출범했다. 출범 이후 윤석열 정부는 문재인 정부와는 크게 다른 방향으로 경제정책을 전환했다. 주요한 전환은 조세재정 분야, 부동산 분야, 노동 분야, 에너지 분야 등에서 이루어졌다. 먼저 조세재정 분야에서는 문재인 정부 때 늘어난 법인세 등 기업의 세금 부담을 크게 줄이고 국채 증가를 야기한 재정지출을 억제해 재정균형 및 건전재정을 달성하는 방향으로 정책 전환을 시도했다. 노동 분야에서는 '노동개혁' 추진을 내걸고 노동조합의 투명성을 제고하고 노동시간과 임금제도를 개편하는 방향으로 정책 전환을 도모했다. 에너지 분야에서는 문재인 정부의 에너지 정책을 '탈원전정책'으로 규정짓고, 탄소중립을 실행하는 방안을 재생에너지를 확대하는 방식이 아닌 원전 위주의 방식으로 변경하려고 했다. 부동산 분야에서는 문재인 정부 때 가격이 급등하고 시장 혼란이 일어난 이유를 과도한 정부 개입과 높은 부동산 관련 세금 때문이라고 규정하고 이를 되돌려 부동산시장을 안정화하려 했다.

윤석열 정부가 출범한 지 2년 반 정도 지난 지금 이들 정책 전환에 대한 평가는 여야 정치권에 따라 다르고 국민들 내에서도 지지 성향에 따라 크게 다른 상황이다. 본디 정부의 역할이 중요한가 시장의 역할이 중요한가, 성장이 중요한가 분배가 중요한가 등의 경제적 논점과 관련된 문제는 딱 부러진 어느 하나의 정답이 있지 않다. 대척되는 측면 모두를 균형 있게 고려해야 하는데, 다만 시대적 상황에 따라 각각의 중요성을 달리 평가할 필요가 있다. 서장에서는 한국경제의 당면 과제라는 제목으로 현재 한국경제가 처한 상황과 이를 극복하기 위한 과제를 살펴보고, 이에 바탕해 윤석열 정부의 정책 전환을 어떻게 평가할지에 대한 가닥을 잡아보려고 한다. 그리고 이어지는 이 책의 본문에서는 윤석열 정부의 정책 전환을 조세재정 분야, 부동산 분야, 노동 분야로 나누어 살펴보려고 한다. 에너지 분야에 대해서는 다음 기회에 집중 분석하기로 한다.

한국경제의 미래와 세 가지 당면 과제

한국경제의 미래를 걱정하는 목소리가 높다. 2023년 11월 한 일본 경제지에서는 "한국경제는 끝났다"라는 제목 아래 '코리아 피크론'을 제기한 바 있으며, 2022년 골드만삭스 보고서에서는 한국경제가 2075년에는 필리핀보다 뒤처질 것으로 전망했다.

이들은 경제성장률 위주로 경고음을 내고 있는데, 문제는 이뿐만이 아니다. 한국은 피케티 비율(자본/소득)이 9를 넘을 정도로(보통 이 비율이 5~6을 넘으면 소득불평등이 심하다고 평가된다) 경제 과실이 일부 계층에 집중해 사회적 갈등이 고조되고 있으며, 자살, 무차별 폭행, 마약 등의 사회병리적 현상이 커지고 있다. 국민들은 절망감을 느끼고 있는데, 이는 이미 OECD 국가 중 자살률과 노인빈곤률 1위, 합계출산율 꼴등으로 반영되어 나타나고 있다.

이대로 가면 미래의 한국경제 모습은 어떻게 될까? 경제 규모는 축소되고 빈익빈 부익부는 심해져 사회적 갈등과 대립이 극심한 상태가 되지 않을까 싶다. 이는 우리가 지향하는 활력 넘치고 편안한 삶을 구가하는 경제와는 거리가 멀다.

게다가 한국경제는 충격에 취약하다. 번번이 위기설이 불거지고 있다. 지금도 부동산PF 문제가 해결되지 않은 상태이고, 내수 부진으로 자영업자들은 폐업 위기에 몰리고 있다. 수출산업의 회복으로 전체 국내총생산(GDP) 성장률의 추락을 버텨내고 있지만 이 역시 전망이 불투명하며, 민생 경제는 어려움에서 벗어나지 못하고 있다. 혹시라도 경제위기가 현실화되면 이력효과(hysteresis effect)로 인해 한국경제의 저성장과 사회적 갈등이 더욱 증폭될 것이다.

이제 불안한 미래로 향하고 있는 한국경제의 길을 바꿔야 한다. 이 글에서는 한국경제의 당면 과제를 크게 다음 세 가지로 정리한다. 첫째, 반복되는 경제위기 및 경제 불안의 가능성을 해소해 충격에 쉽게 흔들리지 않는 경제체질을 갖추는 것, 둘째, 떨어지는 추세적 성장률 저하의 흐름을 멈추고 그 방향을 돌리는 것, 셋째, 경제적 약자도 안정적으로 생활할 수 있고 기후위기의 위협에서 벗어날 수 있는 지속가능한 발전의 길로 들어서는 것이다.

당면 과제를 수행하기 위한 여덟 가지 제안

이러한 과제를 수행하기 위해서는 민간 경제주체의 역할이 중요하지만, 정부의 경제정책 방향과 정부의 역할도 중요하다. 이 글에서는 시급히 해결해야 하는 문제를 하나씩 제시하면서 이들 문제에 대해 윤석열 정부는 어떻게 대응하고 있는지, 그 대응이 올바른지 평가할 것이다.

① 부동산PF 부실을 해소해야 한다

우선적으로 해결해야 할 과제는 부동산PF 부실을 근본적으로 해소해 향후 부동산 부실이 금융과 경제 불안을 야기할 가능성을 차단하는 것이다.

1년 넘게 지속되고 있는 부동산PF 부실화 문제는 사회의 큰 관심과 우려를 낳았지만, 아직 문제가 해결되지 않은 상태이다. 부동산PF 문제는 2023년 4월 브리지론 단계에서 문제가 된 187개 사업장을 관리 대상으로 하여 대주단 협약을 진행했지만, 별다른 진전을 이루지 못하다가 결국 2023년 12월 28일 시공능력평가 순위 16위인 태영건설이 워크아웃을 신청하면서 불거진 문제이다. 2024년 3월 말 현재 부동산PF 규모는 134.2조 원에 달한다.

당시 문제 해결 방법은 크게 두 가지였다. 하나는 만기연장, 이자 유예 등으로 문제 해결을 뒤로 미루는 방법이었다. 높아졌던 금리가 인하되기 시작할 것이고 그러면 부동산 경기가 좋아질 터이니 때를 기다리자는 것이었다. 다른 하나는 부실을 도려내고 기업구조조정을 통해 정리하는 방법이었다.

전자의 경우는 부동산PF 부실을 떠안고 언제까지 버틸 수 있을까 하는 문제가 있었다. 여전히 고금리 상황이라는 점, 그리고 미국이 금리를 내린다 하더라도 가계부채 등으로 우리나라는 쉽게 금리를 인하하기 어렵고 가계부채 부담 등의 문제가 있어 부동산을 부양하기도 쉽지 않다는 점을 고려해야 했다. 그리고 버틴다 해도 시간이 흐를 경우 이자 부담 등으로 수익성이 낮아져 부동산 개발을 성공시키지 못할 수 있었다. 무거워진 부채 부담은 더 큰 위기 가능성을 잉태한다는 점도 중요했다.

후자의 부실을 도려내고 기업구조조정을 통해 정리하는 방법은 제2금융권의 손실이 불가피하고, 제어가 되지 않을 경우 금융위기로 전화될 수 있다는 문제가 있었다. 그렇지만 부동산 자산의 공경매가 이루어지면 낮은 가격으로 구입한 업체는 낮은 원가로 부동산 개발을 성공적으로 이끌 수 있다. 이것은 시장 기능을 살리는 길이기도 했다.

두 해결 방안 모두 부담이 있지만, 윤석열 정부는 전자를 선택한 것으로 보인다. 말로는 경제에 큰 부담이 되지 않게끔 청산할 것은 청산하고 가져갈 것은 가져가는 소위 '질서 있는 정리'를 이루겠다고 했다. 하지만 윤석열 정부는 2024년 4월 22대 총선을 앞두고서는 만기가 돌아오면 만기를 연장해 원리금 상환을 유예함으로써 부동산PF의 부실을 터뜨리지 않은 정책을 펼쳤다. 부실이 터지면 경제에 부담을 줄 것이고 그 부담이 총선 표심에 영향을 미치는 상황을 우려했을 것이다.

총선 이후에도 정부는 부실을 조속히 정리하는 쪽으로 완전히 돌아서지 않았다. 금융감독원이 2024년 5월 14일 「부동산PF의 "질서 있는 연착륙"을 위한 향후 정책 방향」이라는 대책을 통해 사업장을 정리하는 기준을 정하기도 했으나, 다른 한편으로는 DSR 2단계 실시를 연기하는 등의 조치를 통해 여전히 부동산 부양과 금리 인하에 기대를 거는 모습을 보이고 있기 때문이다. 정부는 부동산PF 부실의 영향을 최소화하기 위해 집값 급등에도 소극적으로 대처하고 있다.

부동산PF 문제는 금융위기로 번지지 않을 수도 있다. 하지만 천수답처럼 국제금리 인하나 부동산 가격 회복만 기다려서는 안 된다. 안정적인 경제체질을 형성하기 위해서는 부동산PF 부실 문제가 불거졌을 때 바로 선제적인 구조조정에 나설 필요가 있었다. 늦어도 2024년 초에는 구조조정의 길로 들어섰어야 했다. 근본적으로는 부동산 불안을 반복적으로 야기하는 부동산PF 부실을 막기 위한 구조적인 대책을 마련했어야 했다.

정부가 미적거리면서 부동산 부실 정리를 늦춘 결과는 무엇인가? 부동산PF 부실 규모가 크게 확대되었다. 연체 기간이 3개월 이상인 부실채권(NPL) 비율이 크게 늘어났다. 저축은행의 경우 건설업은 부실채권 비율이 1년 전 4.41%에서 19.75%로, 부동산업은 4.36%에서 14.26%로 3~4배 증가했다.[1] 새마을금고와 신협 등 상호금융사의 부실 비율이 증가한 것은 말할 것도 없다.

② 가계부채와 기업부채의 연착륙을 이끌어야 한다

한국경제는 가계부채와 기업부채 비율이 매우 높은 편이므로 고금리 상황에서 쉽게 흔들린다. 한국은행 자료에 따르면 한국의 GDP 대비 가계와 기업을 합한 민간부채 비율은 2017년 말 181.9%에서 2023년 말 222.7%로 급증했다.

GDP 대비 가계부채는 같은 기간 89.4%에서 100.4%로 크게 증가했다.

---

1 ≪중앙일보≫, "2금융권 부실지표 9년 내 최악…고금리에 은행권 부실 규모도 확대"(2024. 7.14).

발표 기관마다 차이가 있지만, 한국의 가계부채 비율은 세계 최고 수준을 기록하게 되었다. 가계부채 비율이 이처럼 증가한 배후에는 저금리로 인한 집값 폭등이 있었다. 집값이 더 오르기 전에 빚을 내서라도 집을 사는 것이 유리하다고 판단해 영끌족을 비롯한 많은 사람들이 주택 구매에 나선 결과이다.

부채의 비중이 어느 수준에 이르러야 위기가 발생하는지가 정해져 있는 것은 아니지만, 부채 수준이 상환능력을 초과하면 위기로 비화할 개연성이 커진다. 게다가 한국 가계의 경우 자산 보유에서 부동산이 차지하는 비중이 압도적으로 높고 부채 중에서도 변동금리부 대출이 차지하는 비중이 높으므로 금리가 오르면 경제에 큰 타격을 받는다. 따라서 가계부채 비중을 낮추는 것은 금융위기로 전이할 가능성을 낮추고 고금리로 인한 고통을 줄이기 위해 조속히 해결해야 할 과제라 하겠다.

그런데 가계부채 급증을 억제해야 할 정부가 거꾸로 가고 있어 걱정이다. 윤석열 정부는 경기 침체를 막는다는 명분으로 은행을 직접 압박하는 식으로 금리 상승을 억제했고, 또한 특례보금자리론과 50년 만기 주택담보대출의 시행, 종합부동산세와 재산세 등의 감세, DSR 규제의 예외 확대 및 2단계 실시의 연기 등으로 부동산 경기 부양의 의지를 드러냈다. 그 결과 하향 추세였던 부동산 가격이 반전되었고 주춤하던 가계부채가 다시 늘고 있다.

가계부채가 적정 수준을 넘어서지 않기 위해서는 부동산 가격이 급변하는 것을 막는 방향으로 부동산 및 관련 금융정책이 변화해야 한다. 그래야만 고금리 → 부동산PF 부실 → 금융과 거시경제 동요로 이어지는 고리를 차단할 수 있다. 과다한 채무를 억제하기 위한 DSR, DTI 등의 기능 회복,

전세대출 및 주택담보대출 등 채무에 의존하는 부동산 부양의 억제, 한국은행의 경기대응적(counter-cyclical) 통화정책 강화 등 안정성을 높이는 정책을 추진해야 할 것이다.

한편 기업부채가 빠르게 증가한 것은 코로나 시기와 그 이후 고금리·고물가 시기에 경영 부진으로 인한 부족 자금을 부채로 조달했기 때문이다. 부동산 관련 업종과 코로나 피해 업종의 부채 증가가 컸고 재무건전성도 악화되었다. 한국은행의 금융안정 보고서에 따르면 이자보상배율(영업이익/총이자비용)이 1을 하회해 부실염려가 있는 기업의 비중은 2023년 6월 말 현재 44.8%에 이르며, 특히 중소기업이 58.9%이다. 이자보상배율이 3년 이상 1 미만인 한계기업도 2023년 말 18.3%에 이르고 있으며, 자영업자 취약차주 연체율은 2024년 1분기 말 현재 10.21%에 이르고 있다. 기업부채 규모가 커지고 연체율이 높아진 상황에서 정부가 취하고 있는 조치는 만기연장과 이자 후불이어서 문제의 근본적인 해결 방안이라고 보기 어렵다. 이 같은 조치는 단지 위기를 뒤로 미루는 데 불과하다. 무엇보다 정부는 부동산 부양으로 경기 침체를 극복하려는 정책 태도를 지양해야 하며, 합리적인 채무 조정을 통해 부실이 누적되는 것을 막아야 한다. 그리고 금융권에서 과도한 부동산 대출이 이루어지는 것을 막는 등 자금이 부동산 부문이 아니라 생산 부문으로 이동하게끔 유도해야 하며, 부실위험에 대비해 금융기관별로 대손충당금을 제고하거나 부실대응기금을 조성하기 위해 노력해야 한다.

③ 생활물가를 잡아 민생의 고통을 줄여야 한다

여기저기서 민생고를 호소하는 목소리가 높다. 물가가 올라 못 살겠다

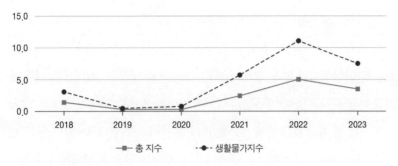

〈그림 1〉 소비자물가지수 및 생활물가지수 등락률(단위: %)

자료: 통계청 국가통계포털.

는 얘기가 가장 많이 나온다. 물가 중에서도 음식, 식료품, 의복 등 일반 시민의 생활과 밀접한 물품의 가격인 소위 생활물가의 상승률이 높았던 것도 삶을 고단하게 했다. 〈그림 1〉에서 보듯이 소비자물가지수의 상승률이 높아졌지만, 생활물가지수의 상승률은 한층 더 높다는 것을 알 수 있다. 생활물가, 그중에서도 특히 식품의 물가상승률이 여전히 높다.

최근 들어 소비자물가지수가 잡히는 모습을 보이고 있고 금리 인하도 소비자물가의 안정에 기여할 것으로 기대되고 있지만 여전히 미국에 비해 한국의 기준금리는 낮고 세계 곳곳의 전쟁과 기후위기로 인해 곡물과 원자재 시장의 불안정이 지속되고 있으므로 향후 물가 안정을 쉽게 예단할 수 없다. 따라서 물가 안정에 더욱 고삐를 죄어 민생을 챙겨야 할 것이다.

2022년 이후 높은 물가상승에 위기감을 느꼈는지 윤석열 정부도 손을 놓지는 않았다. '빵 사무관', '과자 사무관' 등의 말이 나올 만큼 정부는 1960년대부터 1970년대까지 자주 활용된 개별가격 관리방식, 즉 기업에 대한 직접 압박 방식으로 물가를 잡으려고 했다. 하지만 이런 방법은 특정

제품의 가격상승을 일시적으로 억누를 뿐이므로 압박이 사라지면 다시금 상승 압력으로 작용할 수밖에 없다. 전기요금 인상을 연기하거나 소폭에 그친 결과 한전의 적자가 심해져 물가가 안정되지 못한 상황에서도 전기요금을 인상해야만 하는 상황에 몰린 것을 봐도 그렇다. 이러한 정책은 물가상승을 시간적으로 미루는 응급처방에 지나지 않는다.

물가는 통화당국인 한국은행에 관리 책임이 있지만 정부 역시 물가 관리에 노력해야 한다. 정부는 단기적으로 재정을 활용해 생활에 필수적인 물품에 보조금을 주거나 세금을 감면해 가격을 낮추는 방법으로 물가상승으로 인한 시민들의 고통을 줄일 수 있다. 그러나 이러한 단기적인 정책에 머물러서는 안 될 것이다. 기후 변동으로 인한 생산환경의 변화에 대응하고, 국내 유통망을 현대화 및 간소화하며, 세계 원자재 공급망의 안정을 위해 국제적으로 협력하는 등 장기적이고 구조적으로 대응해 나가야 할 것이다.

④ 민생을 위한 재정기능을 회복하고 안정시켜야 한다

무엇보다 적자 재정에서 빠져나와야 한다. 윤석열 정부는 큰 폭의 재정 적자를 기록하고 있는데, 관리재정수지의 적자가 2022년 117조 원, 2023년 87조 원에 달했는데, 2024년에도 91.6조 원 적자일 것으로 정부는 예상한다. 이러한 대폭의 적자는 무엇보다 경기 부진으로 인한 세수 감소에서 비롯되었지만, 정부의 법인세, 종합부동산세 등 각종 감세정책도 영향을 끼친 것으로 보인다.

정부는 감세하면서 정부 지출을 축소하는 식으로 건전재정, 사실상 긴축재정을 지향하고 있다. 최근에도 실시하기로 예정되어 있던 금융투자소득세의 폐지를 추진하는 등 감세에 박차를 가하고 있다. 정부는 재정 확대가 물가상승을 유발한다면서 재정을 확대하는 데 소극적인 자세를 취하고 있다. 하지만 경기 침체로 화폐유통 속도가 떨어져 재정지출 증가가 물가에 미치는 영향이 이전보다 훨씬 작아졌으므로 이 같은 논리에 수긍하기 어렵다.

문제는 이러한 재정 방침으로 인해 정부가 제 할 일을 제대로 하지 못한다는 데 있다. 정부는 시장의 원활한 작동 및 시장 실패의 보완, 경제성장 및 경제안정, 분배 개선 등의 역할을 지니고 있으며, 근래에는 급속한 기술 변화로 출현할 신산업을 뒷받침하는 역할까지 요구받고 있다. 특히 요즘과 같이 경기 침체가 뚜렷하고 민생의 어려움이 극심할 때, 그리고 기후위기에 대응해 에너지 전환을 성공적으로 달성해야 할 임무가 막중할 때는 정부의 적극적인 역할이 더욱 요구된다. 정부는 자신의 역할을 축소할 것이 아니라 오히려 재정을 활용해 이들 요구에 응답해야 할 것이다.

재정건전성을 내세운 긴축재정의 영향은 이미 여기저기서 나타나고 있다. 경찰, 유치원 교사들이 제때 수당을 지급받지 못한 바 있고, 지역의 예산이 감축되어 지역돌봄센터, 도서관, 체육관 등에 항의하는 플래카드가 걸리기도 했다. 지방교부금은 내국세의 19.24%로 법에 규정되어 있는데도 정부는 2023년 지자체에 18.6조 원의 교부금을 내려 보내지 않았다. 지방교부금 부족과 더불어 부동산 경기 침체로 취득세, 재산세 등 지방세수가 감소하면서 지방자치체들은 운영에 큰 어려움을 겪고 있다. 소위 부자감세의 영향으로 시민들이 실생활에서 어려움을 겪게 된 것이 아닌가 한다.

2024년에도 내수와 투자가 부진해 경기 회복이 더딘 관계로 세수가 부족할 것으로 전망되고 있다. 정부가 제대로 일하지 못해 경제 불안을 해소하지 못하고 있으며, 기후위기, 에너지 전환 등에 한국만 적극적으로 대처하지 못하는 것 아닌가 하는 우려가 제기되고 있다.

⑤ 잠재성장률 하락 추세를 멈추어야 한다

과도한 성장은 경제를 과열시키고 왜곡시키지만, 고용, 복지 등 경제 및 사회가 안정되기 위해서는 적정한 성장이 반드시 필요하다. 문제는 한 국가의 경제성장 기본 능력을 나타내는 잠재성장률에서 한국이 2003년 4.9%, 2013년 3.5%, 2023년 2.0%로 하락 추세를 보이고 있을 뿐 아니라 그 속도도 빠르다는 점이다. 한국의 잠재성장률은 아직 G7 국가보다는 높으나, 이전까지 제법 차이를 보였던 OECD 국가(G7 국가를 제외한 30개국의 평균 잠재성장률)를 하회하게 되었다. 한국은행 경제연구원은 2031년부터 0%대 성장을 예상하고 있다.

잠재성장률의 하락을 어떻게 막을 수 있을까? 성장에 기여하는 요소를 노동투입, 자본투입, 총요소생산성으로 나눠 봤을 때 향후 한국의 잠재성장률에서는 아무래도 총요소생산성이 가장 중요할 것이다. 선진국의 경우 인구 증가율의 정체 및 감소, 자본의 수익성 저하로 노동과 자본을 투입할 여력이 줄어들기 때문이다. 따라서 새로운 기술을 개발하고 이를 새로운 산업으로 발전시켜 자본투입과 총요소생산성 증가로 연결해야 한다. 하지만 총요소생산성을 증가시키는 데는 많은 시간이 필요하다. 결국 잠재성장률 하락을 막기 위해서는 총요소생산성 증가에 역점을 두되, 노동투입, 자본투입을 증가시키기 위한 다양한 대책도 마련해야 한다.

잠재성장률 하락에 대한 대책으로 가장 시급한 것은 이력효과를 막는 것

〈그림 2〉 잠재성장률 추이(단위: %)

주: OECD 평균은 OECD 회원국 중 한국과 G7을 제외한 30개국의 평균을 의미함.
자료: 통계청에서 OECD 자료를 인용한 것을 활용.

이다. 한국경제는 2012년 이후 2023년까지의 기간 동안 단 1년을 제외하고는 모두 (-)의 GDP갭을 보이고 있다. 하락하는 잠재성장률에 못 미치는 성장률을 보이고 있는 것이다. 이러한 낮은 성장은 경제 활력을 위축시켜 잠재성장률 수준 자체를 낮출 수 있다. 따라서 경기 침체에 대한 대책이 필요한데, 민간 경제가 위축된 상태에서는 재정의 역할이 중요할 것이다.

노동투입 면에서는 우리 사회의 여성과 고령자의 노동 참여를 높여야 하며, 이주 노동자 수를 늘려야 한다. 다만, 성별 임금 격차가 계속 유지되고 노인 일자리가 저임금으로만 제공된다면 여성과 고령자의 노동력을 충분히 끌어들이지 못할 것이다. 또한 이주 노동자들도 인권 유린과 차별의 우려에서 벗어나도록 해야 한다.

근본적으로는 저출생을 완화해야 하는데, 그 해결책을 아직 제대로 찾지 못하고 있다. 출산장려금이나 양육비를 지급하는 것이 문제의 해법이 되지 못한다는 것을 경험한 만큼, 우리 사회가 결혼하고 출산하고 양육·교육할 만한 곳으로 인식되지 못하는 이유에 대한 근본적인 고민이 필요하다. 예를 들면 청년들이 빚에 의존하지 않고도 주택을 마련할 수 있는 방안과 같은 획기적인 경제적 대응이 필요할 것이다. 하지만 경제적 여유가 있더라도 결혼을 하지 않고 자식을 낳아 키우지 않으려는 사회적 분위기가 확산되고 있다는 데 주목하고 그 대책을 마련해야 할 것이다.

자본투입을 증가시키기 위해서는 해외보다 국내에서 경제활동을 하는 것이 유리한 여건을 조성해야 한다. 그래야만 국내 기업들이 해외로 쏠리는 경향을 막을 수 있고 외국 기업들을 활발히 유치할 수 있을 것이다. 한국에 진출해 있는 외국인 기업들의 고충과 불만을 해소하려는 노력도 점차 더 기울여야 할 것이다.

잠재성장력과 관련해 우려되는 것은 해외시장을 유지하는 문제이다. 최근 '가치동맹', 러시아-우크라이나 전쟁 등으로 중국과 러시아 등지의 시장이 축소되고 있다. 해외시장이 축소되면 이를 뒷받침하는 투자도 위축되기 마련이다. 특히 중국은 2023년 한국 수출의 19.7%를 차지해 여전히 한국의 제1수출시장이다(대미 수출 비중은 18.3%였다). 또한 전경련(현재 한국경제인협회)의 2022년 보고서에 따르면 글로벌 공급망 안전에 취약한 133개 품목 중 중국산 비중이 95.4%에 이르고 있다. 윤석열 정부처럼 '가치동맹'에 지나치게 의존해 섣불리 탈중국을 주장하는 것은 성장잠재력을 훼손하게 된다. 따라서 중국의 기술수준 향상과 내수 위주 발전 전략을 고려해 기존의 중간재 중심의 수출을 뛰어넘는 새로운 분업관계를 모색해야 할 것이다.

이 밖에도 남북한 경제협력에서 획기적인 진전을 이룬다면 잠재성장률을 회복하는 데 큰 도움이 될 것이다. 하지만 이것은 한반도를 둘러싼 대내외의 진영 대결 구도를 청산하는 전제 조건이 충족되어야 가능할 것이다.

장기적으로 총요소생산성을 증가시키기 위해서는 ① 신기술과 신산업을 개발하고, ② 규제를 정비하며, ③ 스타트업과 중소벤처 기업의 활발한 창업을 위한 여건을 조성하고 창의적인 인력을 양성하는 데 더욱 박차를 가해야 한다. 이와 관련해 몇 가지 점을 지적하고자 한다.

우선, 윤석열 정부는 반도체 분야를 육성하기 위해 집중 투자하고 있는데, AI, 우주항공, 바이오, 첨단소재 등 다양한 산업 분야의 신기술 R&D 투자를 대폭 늘려야 할 것이다. 반도체가 중요하긴 하지만 산업이 융합 발전하는 추세를 고려할 때 한 분야에 자원이 몰릴 경우 절름발이가 될 수 있으며, 핀란드의 노키아나 독일의 자동차산업에서 보듯 경기변동과 산업구조의 변화에 취약해지기 쉽다. 반도체산업도 경기에 민감한 D램 반도체의 제조에 집중하기보다는 우리나라가 취약한 설계 및 소재 부품 장비 등에 집중해 반도체 생태계 전반을 강화하는 방향으로 발전시켜 가야 한다.

둘째, 규제가 신산업과 신기술 개발을 억제하는 것을 막아야 하겠지만, 규제 자체가 기업 활동을 제약하는 악으로 이해되어서는 안 된다. 환경, 인권, 기존 산업과의 마찰 등 여러 요인을 고려해 필요하다면 당연히 규제해야 한다. 예컨대 인간에게 해를 입힐 수 있는 로봇에 대한 규제는 필수적이다. 문제는 새로운 산업과 기술이 출현하는 과정에서 불가피하게 생겨날 규제가 적절한지를 제대로 평가하는 것이다. 기술이 사회, 환경, 인권에 가져올 위험성에 따라 규제의 정도가 달라야 하고, 사안에 따라서는 무규제, 사후 규제 등도 고려해야 한다. 결국 '규제의 완화'가 아니라 '규제의 합리화'를 모색해야 하는 것이다. 이와 관련해 의원들이 입법을 할 때에도 규제영향 평가를 실시해야 한다. 의회 입법은 규제 영향 분석과 규제개혁위원회 심사를 받지 않기 때문에 의회를 통한 '우회 입법'이 이루어지고 있는데, 이는 불필요한 규제를 양산하는 통로가 되고 있다.

⑥ 노동개혁도 민생을 위한 방향으로 나아가야 한다

성장과 국민들의 행복도가 비례하는 것은 아니다. 일반적으로 1인당 GDP 2만 달러대까지는 소득과 행복이 비례하지만 그 이상에서는 소득과 행복이 크게 관계없다고 한다.

우리는 이제 선진국 반열에 오른 만큼 성장률을 높이기 위해 더 이상 일하는 사람들이나 환경에 희생을 강요해서는 안 된다. 그리고 사회적 갈등이 심화된 만큼 희생을 강요하는 성장정책은 효과를 내기 어려울 것이다.

그런데도 윤석열 정부는 기업 활력을 제고한다는 명분 아래 노동시간, 임금, 노동3권 등에서 거둔 기존의 성과를 거꾸로 되돌리면서 노동자들의 희생을 요구하는 노동정책을 펼치고 있는 것으로 우려된다.

노동자의 안전, 여가, 건강이 중요하다는 인식이 확대되고 있는데도 산재사고의 80%가량이 발생하는 50인 미만 사업장에서 '중대재해처벌법' 적용을 계속 유예하려 하고, 성과가 가시화되고 있는 주 52시간제를 무력화하기 위해 30인 미만의 사업장이 이를 위반하더라도 처벌받지 않게 계도기간을 재차 연장하는 조치를 추진하고 있다. '노동개혁'이라는 이름으로 시대의 요구를 거스르고 있는 것이다. 최저임금의 인상률은 소비자물가상승률에 크게 못 미치는 수준에서 설정했다. 노동자의 쟁의행위에 대한 과도한 손해배상을 막기 위한 '노란봉투법'에 거부권을 행사했고, 화물연대와 대우조선해양 하청노조에 대해 무리하게 법을 적용하기도 했다.

또 노동시장의 이중구조 책임을 노조의 경직성에 돌리고, 이중구조에서의 탈피를 명분으로 임금체계를 현행 연공제(호봉제)에서 직무성과제로 개편하려 하고 있다. 이러한 움직임은 노동자들의 다수 의견에 반할 뿐 아니라 노동자의 과도한 경쟁을 불러일으킬 우려가 있다. 노동시장 이중구조의 근본 원인은 불공정한 원·하청관계와 수익성을 제고하기 위한 기업의 비정규직 활용 때문이다. 그럼에도 정부가 이를 외면한 채 노동개혁을 내세우는 것은 기업의 수익성을 우선시하는 태도에 기인한 것이 아닌가 한다.

2024년에도 경기 회복이 뚜렷하지 않아 윤석열 정부의 친기업 노동정책이 지속되고 있다. 이러한 노동정책은 노동자들의 생존권 악화, 내수 시장 위축, 사회적 분열로 귀결될 것이며, 기업들이 저임금, 장시간 노동에 의존하는 체질에서 탈피해 신산업 신기술로 나아가는 것을 어렵게 할 것이다.

비정규직 문제에 대해서도 전향적인 태도 변화가 요구된다. 그간의 많은 비정규직 전환 대책은 성공하지 못한 것으로 보인다. 비정규직의 수는 2003년 462.2만 명에서 2023년 815.6만 명으로 증가했으며, 전체 임금근로자 중에서 비정규직이 차지하는 비중도 32.6%에서 37.0%로 증가했고 차별도 여전하기 때문이다.

플랫폼 노동의 증가 등 기술이 급격히 변화하고 있으므로 비정규직을 축소하는 것만이 능사는 아니다. 하지만 비정규직 고용을 기업 비용 저하의 관점에서 접근하는 것, 또는 정규직 정리해고를 용이하게 해서 비정규직 문제를 해결하려는 것은 바람직하지 못하다. 상시지속적인 업무는 정규직에 맡기고 동일노동 동일임금을 이루는 것이 비정규직 문제를 해결하는 데 크게 기여할 것이다.

정부는 노동자들의 삶의 질과 산업 안전을 개선하고 노동시장 이중구조의 근본 원인을 해소하는 것으로 노동개혁의 방향을 재설정해야 할 것이다.

⑦ 삶의 질을 개선하기 위한 방안을 모색해야 한다

성장의 그늘이 깊어질수록 복지의 필요성이 커진다. 그럼에도 윤석열 정부는 그 방향을 반대로 잡고 있는 것이 아닌가 하는 생각이 든다.

복지지출 비용을 늘려 잡고 있으나 고령화로 인한 자연증가분을 고려하면 실질적으로 줄어든 것이라 볼 수 있다. 지역사회 통합돌봄 시범사업은 고령화에 대한 대응으로 기대되었으나 예산이 삭감되었으며, 공공임대주택 확대, 공공병원 설치에도 소극적이다.

정부는 사회서비스의 시장화와 산업화를 통해 서비스를 고도화하겠다고 한다. 노인장기요양서비스 공급에서도 민간 기업의 진입장벽을 낮추는 방향으로 '노인복지법' 개정에 나섰다. 사회서비스의 시장화가 진행되면 수익성이 나지 않는 서비스는 제대로 공급되지 않을 위험이 커진다. 정부가 사회보장 제공이라는 책임을 방기해서는 안 된다. 물론 사회서비스 공급이 소규모로 분산적으로 이루어지고 있어 효율을 높일 필요가 있다. 하지만 이를 쉽게 민영화에 의존해 해결하려고 해서는 안 된다.

최근 의료, 교육, 교통, 통신, 돌봄 등의 서비스를 모든 시민에게 무상으로 제공함으로써 시민들의 활발한 경제적·사회적 활동을 뒷받침하는 기본서비스에 대한 논의가 활발해지고 있다. 기본서비스는 노동 유인, 소득 불평등 완화, 서비스 제공의 효율화 등의 효과가 있으며, 기본소득에 비해 상대적으로 적은 재정 부담으로 점진적으로 도입할 수 있다. 또 공유된 욕구와 집단적 책임을 통해 사회적 연대를 높이는 장점이 있다. 기본서비스와 더불어 '괜찮은 일자리'를 사회적으로 확대해 간다면 삶의 질을 개선하는데 크게 기여하지 않을까 한다.

⑧ 국제적 흐름에 맞게 기후위기에 대응해야 한다

기후위기에 대응하기 위한 탄소중립화 과제의 중요성은 많이 언급되어왔다. 탄소국경조정제도(CBAM), RE100 등으로 수출, 공급망 참여를 비롯한 경제적 어려움이 커질 것이라는 경고도 계속되어 왔다.

윤석열 정부는 탄소중립화 과제에 역행하는 움직임을 보이고 있다. 정부는 기존 계획에서 후퇴해 2026년까지의 달성 목표를 NDC(국가별 감축목표)의 20%에도 못 미치는 수준으로 수정했다. 그리고 RE100의 여건을 마련하거나 24/7 CFE의 조건을 충족시키려고 노력하는 대신 CF100을 국제 표준으로 삼겠다고 했다. 이는 국제적 흐름에 어긋날 뿐 아니라 실현 가능성도 낮다. 이 같은 정부의 움직임은 자연재해, 전쟁으로 인한 위험, 핵폐기물 보관의 문제 등이 해소되지 않았는데도 여전히 원자력에 의존해 탄소중립 문제를 해결하려다 보니 나온 무리수가 아닌가 한다.

정부는 국제적 환경 요구에 부응하고 우리나라 글로벌 기업의 부담을 줄이기 위해 재생에너지의 비중을 높여나가야 할 것이다. 또한 재생에너지 효율을 증대하기 위한 기술을 개발하고 발전설비를 설치할 지역 주민들과 원만한 협의를 이루어가야 하며, 청정수소 등 화석연료 에너지를 대체할 에너지 개발에도 힘써야 한다.

전 세계적으로 기후 대응의 산업화가 진전되고 있는 국면에서 기후위기에 대한 준비가 늦어지면 한국의 경제 산업 경쟁력 역시 떨어질 것이다. 그리고 무엇보다 에너지 전환 과정에서 나타날 부작용에 대해서도 충분히 대비해야 할 것이다. 정부의 정책 방향 전환을 기대한다.

소결론

지금까지 한국경제의 당면 과제로 첫째, 경제위기로의 가능성 차단과 경제안정화, 둘째, 잠재성장률 하락 추세의 전환, 셋째, 지속가능한 경제발전의 길로 다시 들어설 것을 제시했다.

이러한 당면 과제를 해결하는 출발점은 인식을 전환하는 것이다. 경제위기를 막기 위해서는 고통을 감수해야 한다는 인식, 민생 문제를 해결하기 위해서는 정부의 역할이 필요하다는 인식을 강화해야 한다. 또한 기업의 수익성이나 경제성장을 노동이나 환경보다 우선시하거나 가치동맹을 경제보다 우선시하는 인식을 가지고 있다면 생각을 전환해야 한다. 이러한 인식 전환을 바탕으로 정부는 그동안 실시해 온 경제정책을 재검토하고 당면 과제를 풀기 위한 새로운 정책 방향을 모색해야 할 것이다.

제1장

—

감세와 균형재정정책, 이대로 좋은가

류덕현

재정수지는 무조건 균형을 이루어야 하는가, 아니면 균형과 비슷한 수준의 적자 혹은 흑자를 이루는 것이 바람직한가라는 질문은 잘못된 문제제기(ill-posed problem)일 수 있다. 그 이유는 재정정책은 경제안정이라는 정부의 역할과 기능을 수행하기 위해 필요한 정책적 수단이므로 이를 제대로 수행했는지 여부가 중요한 것이지, 재정수지 균형 자체가 목표는 아니기 때문이다. 재정정책을 운용하는 '수단'이 경제안정이라는 '목표'를 흔들 수는 없는 것이다. 통화금융정책의 정책 유효성이 현저히 약화되고 있는 상황에서 경기를 완전회복하거나 경기 침체를 극복하고 연착륙하기 위해서는 확장적 재정정책이 불가피하다. 2008년 글로벌 금융위기 이후 지나치게 빠르게 재정건전화를 시도했던 EU 국가들 중 경제가 취약한 남유럽 국가들(그리스, 이탈리아, 스페인, 아일랜드 등)에서 재정위기로 인한 경제위기가 도래했음을 기억할 필요가 있다. 이러한 관점에서 윤석열 정부가 추진하고 있는 감세와 균형재정정책에 대해 살펴보기로 한다.

1. 재정총량에 대한 검토

1) 2023년 결산 및 결산안 평가

2023년 총세입은 497조 원으로 2022년 대비 77조 원 감소했으며, 2023년 예산 대비로는 37조 원 감소했다. 국세수입은 344.1조 원으로, 2022년 대비 51.9조 원 감소했고 2023년 예산 대비로는 56.4조 원 감소했다. 세부적으로는 소득세가 16조 원, 법인세가 24.6조 원, 부가세가 9.4조 원 감소했다. 〈표 1-1〉은 국세수입에서 큰 감소가 발생한 반면 세외수입은 예산 대비 증가했지만 전년보다는 감소했음을 보여준다. 한편, 2023년 총세출은 490.4조 원으로, 2022년 대비 69.3조 원 감소했으며, 2023년 예산 대비로는 49.5조 원 감소했다.

〈표 1-2〉를 보면 2023년 통합재정수지는 GDP 대비 1.6% 적자를 기록한 36.8조 원이었다. 반면, 사회보장성 기금수지는 50.3조 원의 흑자를 기록했다. 결과적으로 관리재정수지 적자는 GDP 대비 3.9%로 87.0조 원의 적자를 기록했다.

한편 2023년 국가채무는 총 1,126.7조 원(GDP 대비 50.4%)을 기록했는데 이 중 중앙정부 채무는 1,092.5조 원이며 지방정부의 순채무는 34.2조 원이다. 〈표 1-3〉은 국가 전체의 채무 부담을 보여주는데, 중앙정부 채무가 대부분을 차지하고 있음을 알 수 있다.

〈표 1-1〉 2023 회계연도 총세입-총세출 현황(단위: 조 원)

구 분		2022년 실적(A)	2023년		예산 대비 (C-B)	전년 대비 (C-A)
			예산(B)	실적(C)		
합 계		573.9	534.0	497.0	-37.0%	-77.0%
	국세수입	395.9	400.5	344.1	-56.4%	-51.9%
	세외수입	178.0	133.5	152.9	19.4%	-25.1%

구 분	2022년 실적(A)	2023년		현액 대비 (C-B)	전년 대비 (C-B)
		예산현액(B)	지출액(C)		
합 계	559.7	540.0	490.4	-49.5%	-69.3%
일반회계	485.0	449.1	405.9	-43.2%	-79.2%
특별회계	74.7	90.9	84.5	-6.4%	9.8%

자료: 기획재정부, 「2023회계연도 국가결산 보도자료」(2024).

〈표 1-2〉 2023 회계연도 중앙정부 재정수지 결산 결과(단위: 조 원)

구분	2022년 결산(A)	2023년		예산 대비 (C-B)	전년 대비 (C-A)
		예산(B)	결산(C)		
총수입	617.8	625.7	573.9	-51.8%	-43.9%
총지출	682.4	638.7	610.7	-28.0%	-71.7%
통합재정수지	-64.6	-13.1	-36.8	-23.7%	27.8%
사회보장성 기금수지	52.5	45.1	50.3	5.1%	-2.2%
관리재정수지 (GDP 대비 %)	-117.0 (-5.4%)	-58.2 (-2.6%)	-87.0 (-3.9%)	-28.8% (-1.3%)	30.0% (1.5%)

주: 한은 발표(2024.3.5) 기준으로 2022년 명목 GDP는 2,161.8조 원, 2023년 명목 GDP는 2,236.6조 원 (잠정)으로 계산한 것임.
자료: 기획재정부, 「2023회계연도 국가결산 보도자료」(2024).

〈표 1-3〉 2023 회계연도 국가채무 결산 결과(단위: 조 원)

구분		2022년		2023년			전년 대비 (C-A)
		결산 (A)	추경 대비	예산 (B)	결산 (C)	예산 대비 (C-B)	
국가채무 총계(D1) (명목 GDP %)		1,067.4 (49.4%)	-1.1 (-0.3%)	1,134.4 (50.4%)	1,126.7 (50.4%)	-7.6% (-0.1%)	59.4% (1.0%)
중앙정부 채무		1,033.4	-4.3	1,101.7	1,092.5	-9.2%	59.1%
	국채	1,031.5	-4.3	1,100.3	1,091.1	-9.2%	59.6%
	차입금	1.9	0.0	1.2	1.2	-	-0.7%
	국고채무부담행위	0.1	-	0.2	0.2	-	0.1%
지방정부 순채무		33.9	3.1	32.6	34.2	1.6%	0.3%

주: 지방정부 순채무는 전체 채무 중 중앙정부에 대한 채무를 제외하고 계산한 것임.
자료: 기획재정부, 「2023회계연도 국가결산 보도자료」(2024).

2023년 국세수입 결산은 예산 대비 56.4조 원의 세입결손(오차율 -14.1%)이 발생해 재정정책 운용에 큰 어려움을 초래했다. 이에 대해 재정 당국은 크게 다음 네 가지 방식으로 대응했다. 첫째, 지방교부세와 지방교육재정 교부금(국세의 약 40%)을 불교부하는 방식, 둘째, 전년도 세계잉여금으로 조달하는 방식(2조 원 정도), 셋째, 불용 예산을 처리해 미집행하는 방식(10조여 원), 마지막으로 약 20조 원을 외국환평형기금(외평기금)에서 공자기금으로 조기 상환한 후 이를 일반회계에 전출·보전하는 방식이다. 특히 마지막 방식은 외국환평형기금의 본래 목적에 부합하지 않으며, 외환 시장의 변동성을 고려할 때 공자기금에서 다시 예수금을 받아 적립해야 할 가능성이 있어 다음과 같은 몇 가지 문제를 야기했다.

첫째, 국회의결을 통해 확정된 예산을 행정부가 임의로 축소했기 때문에 국회의 예산편성 과정에 대한 권한을 침해했다. 예산안 편성은 정부가 하지만 심의 의결은 국민의 대표인 국회의 몫이다. 그런데 여야의 합의를 통해 심의 의결된 예산을 행정부가 임의로 축소한 것은 국민의 대표성을 지닌 국회의 권위를 무시한 것으로 볼 수 있다. 또한 관행적으로 불용되는 규모를 사전에 상정하고 이를 선반영해 축소한 것 역시 자의적인 행정집행이라고 할 수 있다. '관행적인 불용'이라는 말 자체가 문제 있는 표현이라고 볼 수 있다.

둘째, 외국환평형기금을 통해 일반회계 적자를 보전했기 때문에 국가채무 비율이 증가하지는 않았지만, 이것은 실질적으로 동일한 효과를 미래로 이연시킨 '꼼수 회계(creative accounting)'라고 할 수 있다. 세수결손 시에는 세입 경정을 통한 일반회계 재정수지 적자보존용 국채를 발행해 재정 대응을 하는 것이 원칙이다. 그러나 추경을 하려면 국회의 동의를 구해야 하며 또 적자국채를 발행하면 국가채무 비율이 상승하는 것이 불가피하다. 수치상으로 국가채무 비율이 증가하는 것을 막은 뒤 부족해진 외국환평형기금 수입을 보전하는 외평채를 나중에 발행할 경우 국가채무 비율이 상승할 수밖에 없다. 2023년 재정당국이 추진한 꼼수회계는 언젠가는 돌아올 부메랑이 될 것이다.

셋째, 이러한 방식은 재정 운영의 투명성과 효과성을 저하시켜 정책 신뢰성을 떨어뜨렸다. 무엇보다도 이 방식은 세입결손 시 지출 감액이나 세입 경정을 통해 국채를 발행하거나 국회와 추경 논의를 거쳐야 함에도 불구하고 행정부의 재량으로 재정지출 규모를 임의로 감축한 것으로 해석할 수 있다.

2) 2024년 예산 및 예산안 평가

2024년 예산은 총 656.6조 원으로, 2005년 이후 가장 낮은 2.8% 증가율을 기록했다. 이는 매우 긴축적인 예산편성으로 해석된다. 총세입 중 국세수입은 2023년 대비 33조 원 감소한 367.4조 원으로, 국세수입이 줄어들어 세입이 부족하다.[1] 이로 인해 재정 기조가 긴축적이다. 통합재정수지 적자는 GDP 대비 1.9%, 관리재정수지 적자는 GDP 대비 3.9%이며, 중앙정부 국가채무 비율은 2023년 예산안 대비 0.6%p 증가한 51.0%이다. 〈표 1-4〉를 보면 정부가 재정건전성을 유지하려고 하지만 세입 부족과

---

[1] 2024년 7월까지 국세수입은 예산 대비 56.8%의 진도율을 보이고 있으며, 법인세수의 극심한 저조(2024년 7월 현재 2023년보다 15조 5,000억 원 감소)로 말미암아 2024년에도 20조~30조 원 정도의 세수결손이 확실시되고 있다.

〈표 1-4〉 2024년 재정운용 현황(단위: 조 원)

	2023년 예산	2024년 예산안	증감
총수입	625.7	612.1	-13.6%(-2.2%p)
국세수입	400.5	367.4	-33.1%(-8.3%p)
국세외 수입	225.2	244.7	19.5%(8.7%p)
총지출	638.7	656.9	18.2%(2.8%p)
통합재정수지 적자 (GDP 대비 %)	13.1 (0.6%)	44.8 (1.9%)	31.7%(1.3%p)
관리재정수지 적자 (GDP 대비 %)	58.2 (2.6%)	92.0 (3.9%)	33.8%(1.3%p)
국가채무 (GDP 대비 %)	1,134.4 (50.4%)	1,196.2 (51.0%)	61.8%(0.65%p)

자료: 기획재정부, 「2023회계연도 국가결산 보도자료」(2024).

높은 국가채무 비율로 인해 재정 상황이 긴축적임을 알 수 있다.

　2024년 예산안은 경기 상황과 재정정책 기조가 부조화된 것으로 평가된다. 아웃풋 갭(실제 경제성장률−잠재성장률)이 음(−)이면 경기 하강 국면을 의미하므로 이를 극복하기 위해서는 경기대응적인 정책이 필요하다. 정책 대응은 재정기조지표(FIS)(GDP 대비 구조적 재정수지 비율의 변화)가 양(+)이면 긴축적으로 운용한 것이고, 음(−)이면 확장적으로 운용한 것이다. 국제통화기금(IMF)의 「재정점검 보고서(Fiscal Monitor)」(2023.4)에 따르면 2023년 아웃풋 갭은 -0.68로 경기 하강 국면으로 진단되었으며, FIS는 1.066으로 추정되어 한국의 재정정책 기조는 긴축으로 평가되었다. IMF의 「세계경제전망 보고서(World Economic Outlook)」(2023.4)에서는 한국의 아웃풋 갭이 2024년 -0.5로 전망되었는데, 이는 경기가 여전히 잠재 수준에 미치지 못할 것으로 예상했다는 것이다. 경기 하강 국면에서 이루어지는 긴축재정정책은 경기 하강을 심화시키고, 세수 저조를 초래하며, 결국 경기 위축을 심화시키는 악순환을 가져오는 경기순응적 정책 대

<표 1-5> 2024년 예산과 2023~2027년 국가재정운용계획상 분야별 재원배분의 특징

		2023~2027년 국가재정운용계획안(총지출 평균 증가율: 3.6%)	
		증가율 ≥ 3.6%	증가율 < 3.6%
2024년 예산안 (총지출 증가율: 2.8%)	증가율 ≥ 2.8%	- 보건·복지·노동(7.5%, 4.9%: 37.0%) - 국방(4.5%, 3.6%: 9.1%) - 공공질서·안전(6.1%, 3.8%: 3.7%) - 외교·통일(19.5%, 5.8%: 1.1%)	- 산업·중소기업·에너지(4.9%, 3.0%: 4.2%) - SOC(4.6%, 2.9%: 4.0%) - 농림·수산·식품(4.1%, 2.3%: 3.9%)
		비중 합계: 50.9%	비중 합계: 12.1%
	증가율 < 2.8%		- 일반지방·행정(-0.8%, 3.6%: 17.0%) - 교육(-6.9%, 2.0%: 13.7%) - R&D(-16.6%, 0.7%: 3.9%) - 환경(2.5%, 2.5%: 1.9%) - 문화·체육·관광(1.5%, 2.1%: 1.3%)
			비중합계: 37.8%

주: 각 분야 뒤 ( ) 안 숫자는 각각 2024 지출 증감률, 2023~2027년 지출 평균 증감률, 2024년 총지출 대비 지출 비중을 의미함.

응(pro-cyclical policy response)이 된다.

　2024년 예산안의 총지출 증가율 2.8%에 대한 분야별 재정지출 증가율 기여도를 보면 2024년 예산안에서 정부가 역점을 두는 분야와 그렇지 않은 분야를 구분할 수 있다(<표 1-5> 참조). 먼저, 지출비중이 가장 높은 분야인 보건·복지·노동 분야(37.0%)는 총지출 증가율 2.8% 중에 무려 2.6%p로 가장 높은 기여도를 보였다. 다음으로 높은 분야는 국방 분야(9.1%)로, 0.4%p의 기여도를 보였다. 기타 양(+)의 기여도를 보인 다른 분야들은 대부분 0.0~0.3%p 범위 내의 기여도를 보였다. 하지만 교육 분야(13.7%)는 -1.0%p의 기여도를 보였다. 마지막으로 가장 논란이 되었던 R&D 분야(3.9%)는 2023년 대비 16.6% 감소해 -0.8%p의 기여도를 보였다. 특히 R&D 분야는 총지출 대비 비중이 매우 낮음에도 불구하고 총지출 증가율 2.8% 중 무려 -0.8%p의 기여도를 보였는데 이는 상당한 충격적인 재원배분으로 평가된다.

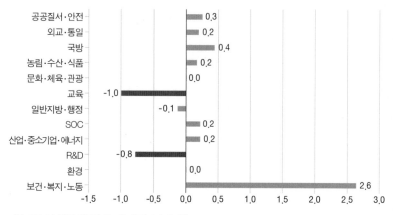

〈그림 1-1〉 2024년 분야별 지출 증가율 기여도(단위: %p)

자료: 2024년 정부 예산을 참조하여 필자가 계산함.

2. 2024년 한국경제 전망과 재정정책 방향

1) 2024년 한국경제 전망[2]

2024년 한국경제 성장률 전망에 필수적인 요인은 다음 세 가지로 정리할 수 있다.

첫째, 금리와 물가가 고공행진을 지속할지 여부이다. 여전히 불안정한 국제정세로 인한 국제공급망의 불확실성, 하방경직적인 물가, 가계부채 뇌관, 미국과의 금리 차이가 불러오는 긴장관계 등으로 금리 인하 시점을 예측하기 쉽지 않다. 미국보다는 높지 않지만 우리나라 금리도 당분간 장

---

2   2024년 한국경제 전망과 관련해서는 류덕현 외, 『2024 한국경제 대전망』(21세기북스, 2023)을 참조했다.

기간 높은 수준(higher for longer)이 지속될 수 있다. 2022년에는 미국 연준의 기준금리가 0%에서 시작되었다. 2022년 3월에는 25bp 인상되었고, 5월에는 50bp 인상이, 6월, 8월, 9월, 11월에는 각각 75bp씩 네 차례 인상이 단행되었다. 2022년 12월 마지막 FOMC 회의에서는 50bp 인상되었다. 2023년 1월에는 50bp 인상해 금리가 4.5~4.75%로 조정되었고, 이로 인해 14개월 만에 4.5% 인상되었다. 2023년 3월에는 SVB 사태 등으로 25bp 인상되었고, 5월에는 인플레이션 추세를 고려해 다시 25bp 인상되었다. 2023년 7월에는 또 25bp 인상되어 2024년 7월 현재 금리는 5.25~5.50%로, 22년 만에 가장 높은 수준이다. 한국은 2024년 7월 현재 금리가 3.5%이다. 이후 2024년 8월까지 FOMC와 한국은행은 금리를 동결 상태로 유지하고 있다. 2024년 미국의 물가상승률은 예상치를 넘어서 3월에는 물가상승률이 3.5%에 달했다. 이로 인해 금리 인하를 기대하기 어려워지고 있다. 2024년 FOMC는 세 번의 금리 인하(0.75~1.0%p)를 예측했지만, 물가상승률 안정화가 예상보다 더디게 진행될 것으로 보이기 때문에 상반기 중에는 금리 인하가 어려울 전망이다. 한국은행은 FOMC의 금리 인하 이후 한미 간 금리 차를 활용해 금리 인하를 고려했으나, 당분간 금리를 인하하기 어려울 것으로 보인다. 현재 한국은행의 금리는 2023년 1월 13일 이후 3.5%로 유지되고 있는데, 이는 10번째 동결이다.

둘째, 중국경제가 회복할지 여부이다. 2024년에도 미국과 중국의 치열한 경쟁과 갈등은 세계경제환경을 좌우하는 가장 중요하고도 본질적인 요인이었다. 이러한 현실에서 중국경제가 회복할지 여부가 한국경제 회복의 관건임은 두말할 필요가 없다.

마지막으로, 한국의 반도체 기업들이 비메모리 신제품 개발과 고대역폭

메모리(HBM)와 같은 AI 특수 목적 메모리 반도체 및 양산기술 개발을 얼마나 효율적으로 이루어낼 수 있는가 하는 것이다. 만약 이러한 요소들이 긍정적으로 작용하지 못하면 2023년처럼 '상저하고'의 희망고문을 1년 내내 받게 될 것이다. 자칫하면 2년 연속 1% 성장세에 갇혀 2024년은 저성장 기조가 정착되는 한 해가 될 수도 있다.

2024년도 1분기 우리나라의 GDP 성장률은 전분기 대비 1.3%를 기록했다. 이는 대내외의 어려운 여건 가운데서도 2021년 4분기 성장률 1.4% 이후 가장 높은 깜짝 성장을 기록한 것으로, 긍정적인 신호를 준 것은 사실이다. 특히 민간의 성장기여도(1.3%p)가 정부의 성장기여도(0.0%p)에 비해 높은 점, 내수의 성장기여도(0.7%p)가 순수출의 성장기여도(0.6%p)에 비해 높은 점 등은 정부 당국자에게 경제가 정상적인 흐름으로 돌아왔다는 낙관적인 희망을 안겨주기도 했다. 하지만 우리 경제는 다음과 같은 하방위험 요소들을 안고 있다. 미국의 고금리 지속과 달러 강세에 기초한 고환율 지속가능성이 여전하고, 국제 지정학적 정세는 여전히 불확실하며, 고유가 역시 해소되지 않고 있다. 또한 잡힐 듯 잡히지 않는 물가, 특히 농수산물 물가와 생필품 물가의 고공행진은 서민경제에 깊은 주름이 패게 한다. 한국은행의 국민소득 통계와는 다소 차이 나는 통계청의 2024년 3월 산업활동동향은 여전히 지그재그 횡보(2024. 1월 -0.3%, 2월 0.5%, 3월 -0.8%)를 보이고 있어 불안한 요소가 지속되고 있다.

2) 재정정책 방향

경제위기가 아닌데도 한국은 낮은 성장률을 기록하고 있으며, 긍정적으로 예상되었던 대외 여건이 모두 부정적으로 변하면서 경기 부진이 계속되고 있다. 이런 상황에서는 재정정책이라도 경기대응적(counter-cyclical)으로 운영되어야 한다.

한국경제의 잠재성장률을 2.0~2.5% 수준이라고 본다면, 실제 GDP와 잠재 GDP 간 차이를 나타내는 산출갭 혹은 GDP갭은 여전히 음수일 가능성이 크다. 그럼에도 불구하고 정부는 2023년과 2024년에 재정정책 기조를 확고하게 긴축적으로 유지할 것으로 보인다. 이러한 정책은 2024년 경기 및 민생경제 회복에 긍정적인 전망을 제시하지 못하고 있다. 정책 타이밍은 늦어도 안 되고 빨라도 안 된다. 적시에 적절한 규모의 재정 개입이 필요하다. 현재의 경기흐름은 지표상으로는 개선된 듯 보이지만 국민들이 실제 체감하는 경기는 매우 좋지 않다. 재정 개입의 수단이 되는 세수실적이 여전히 좋지 않다는 사실에 손 놓고 있을 수만은 없다. 새로운 국회가 개원해서 경기흐름을 정확하게 판단하고 민생회복에 개입하는 방안을 신속하게 의사결정해야 한다. 그것이 추경이든 민생회복지원금 특별법안이든 간에 적극적인 개입이 필요한 시점이다.

통화 및 금융정책의 효과가 크게 약화된 상황에서 경기 침체를 극복하고 연착륙을 이루기 위해서는 확장적 재정정책이 필수적이다. 2008년 글로벌 금융위기 이후 재정건전화를 너무 빠르게 시도했던 EU 국가들, 특히 경제적으로 취약한 남유럽 국가들(그리스, 이탈리아, 스페인, 아일랜드 등)에서 재정위기가 경제위기로 이어졌다는 점을 기억할 필요가 있다.

2023년 한국경제는 여전히 불확실한 대내외 여건 속에서 1.4%라는 매우 낮은 성장률을 기록했다. 2024년에도 경기 회복에 필요한 성장을 기대하기에는 낙관적인 대내외 환경이 마련되지 않았다. 성장률 회복을 위해

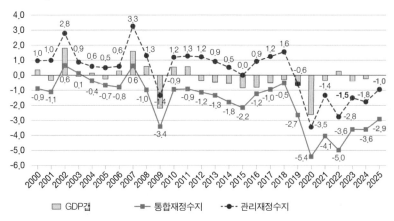

〈그림 1-2〉 경기대응 재정정책과 재정수지(단위: GDP 대비 %)

주: 1) 재정수지 통계는 2023년까지의 결산 기준이며, GDP갭은 IMF, *World Economic Outlook*(April 2024)의 수치임.
2) 2024~2025년의 경우 재정수지 통계는 예산 기준이며, GDP갭은 IMF의 전망치임.
자료: 대한민국 정부 e-나라지표(https://www.index.go.kr/); IMF, *World Economic Outlook*(April 2024).

서는 4차 산업혁명의 기술적 특성화 지원, 혁신 인프라 구축, 그리고 데이터 사이언스 분야에 대한 전폭적인 지원 등 향후 성장 기반을 마련할 수 있는 재정 투자가 확충되어야 한다.

2000년대 전후로 크게 세 번의 대규모 재정 투입과 확장적 재정정책이 시행되었다. 첫 번째는 1997~1998년 외환위기 이후 금융기업 구조조정을 위해 재정이 투입되었고, 두 번째는 2008년 글로벌 금융위기, 세 번째는 2020년 코로나19 경제위기 때였다. 이처럼 경제위기 시에 확장적 재정정책을 추구하면 대규모 재정수지 적자와 국가채무의 증가가 필연적으로 동반된다. 이러한 경제위기 이후에는 실업과 소득 분배 악화가 불가피하게 동반되므로 이에 대비해 고용과 복지를 강화하는 사회적 안전망을 확충해야 한다. 그로 인해 재정수지 적자가 시현되고 국가채무 비율이 상향

되는 것은 어느 정도 피할 수 없다.

3. 재정정책 관련 이슈와 쟁점

1) 2023년 세수결손과 2024년 세입 동향

2023년 국세수입은 344.1조 원으로, 2022년 대비 51.8조 원이 대폭 감소해(-13.1%) 세입 예산(2023년 400.5조 원)보다 56.4조 원 줄어들었다(-14.1% 세수 오차). 이러한 세수 감소는 2023년 긴축재정 기조의 주요 원인이 되었다. 세목별로 보면, 소득세는 자산시장 침체로 인한 양도소득세 부진의 영향을 받아 전년 대비 감소했다. 법인세는 2022년 기업 실적 하락으로 인해 큰 폭으로 줄어들었으며, 부가가치세는 수입 부진, 지방소비세율 인상 등의 영향으로 전년 대비 감소했다.

2024년 국세수입은 2023년 경기 둔화와 자산시장 침체 등의 영향으로 2023년 예산 대비 33.1조 원 감소한 367.4조 원(-8.3%)으로 편성되었다. 2023년 9월 세수 재추계에 따르면 세입결손이 59.1조 원에 이를 것으로 예상되어 2023년 수정 추계된 국세수입(341.4조 원)보다 26조 원 증가한 (7.7%) 금액으로 2024년 예산이 편성된 것으로 볼 수 있다. 2024년 예산안은 2023년 7월에 발표된 하반기 경제정책 방향에서 제시한 경제성장률 전망치(실질성장률 2.4%, 경상성장률 4.9%)를 바탕으로 하고 있기 때문에 이 전망의 정확성이 매우 중요하다.

2024년 5월까지의 누계 국세수입은 151.0조 원으로, 2023년 대비 9.1

〈표 1-6〉 2023년 결산 실적과 2024년 국세수입 예산안 비교(단위: 조 원)

	결산 실적			2024년 예산안(C)	증감 (C-B)
	2022년(A)	2023년(B)	(A-B)		
국세	395.9	344.1	-51.8(-13.1%)	367.4	23.3(6.8%)
소득세	128.7	115.8	-12.9(-10.0%)	125.8	10.0(8.6%)
법인세	103.6	80.4	-23.2(-22.4%)	77.7	-2.7(-3.4%)
부가세	81.6	73.8	-7.9(-9.6%)	81.4	7.6(10.3%)

자료: 기획재정부, 「2023회계연도 국가결산 보도자료」(2024).

〈표 1-7〉 2024년 5월 누계 국세수입 및 현황(단위: 조 원)

	2023년 실적	2024년 예산	5월까지 누계				5월 진도율		
			2023년	2024년	증감	증감률	2023년	최근 5년	2024년
국세	344.1	367.4	160.2	151.0	-9.1	-5.7%	46.6%	47.0%	41.1%
소득세	115.8	125.8	51.2	51.5	0.3	0.7%	44.2%	44.8%	40.9%
법인세	80.4	77.7	43.6	28.3	-15.3	35.1%	54.3%	54.5%	36.5%
부가세	73.8	81.4	33.5	38.8	5.4	16.1%	45.3%	45.4%	47.7%

자료: 기획재정부, 「2024년 5월 국세수입동향 보도자료」(2024).

조 원 감소했다. 또한 국세수입 진도율 역시 최근 5년 평균보다 낮은 수준을 보이고 있다. 세목별로 보면 소득세는 0.3조 원 증가했다. 이는 고금리로 인한 이자소득세 증가와 취업자 수 증가 및 임금 인상 효과로 근로소득세 감소폭이 줄어들면서 소득세가 다시 증가한 것이다. 반면, 법인세는 15.3조 원 감소했다. 2023년 기업 실적이 저조했기 때문에 납부 실적이 줄었으며, 2023년 기업 영업이익은 전년 대비 코스피 -45.0%, 코스닥 -39.8% 감소했다. 부가가치세는 소비 증가와 환급 감소로 인해 5.4조 원 증가하며 납부 실적 증가세를 유지하고 있다. 그러나 2024년 5월까지의 누적 진도율을 보면 2024년 국세수입 실적이 험난할 것으로 예상된다.

2) 무너진 세입기반과 감세정책[3]

윤석열 정부 출범 이후 시행된 세 번의 세법 개정안은 정도와 규모의 차이는 있지만 전반적으로 감세정책이 특징이다. 국회예산정책처의 계산에 따르면 2022년의 세법 개정안으로 2027년까지 총 64조 4,000억 원의 세수 감소가 예상된다. 국회예산정책처는 2022년과 2023년 감세정책의 종합적인 추정에 따라 2022년 감세로 2023년부터 2027년까지 총 64.4조 원의 세수 감소를, 2023년 감세로 2024년부터 2028년까지 4.8조 원의 세수 감소를 예상하고 있다. 한편, 나라살림연구소는 2022년 감세로 2023년부터 2027년까지 60.2조 원, 2023년 감세로 2024년부터 2028년까지 2.9조 원의 세수 감소를 추정했다. 2024년 세법 개정안의 주요한 골자는 상속증여세를 인하하는 것으로 그 규모가 18조 6,000억 원인데, 이는 전체 감세 규모 대부분을 차지할 것으로 전망되고 있다. 이 세법 개정안에서는 그간 금기시되어 왔던 상속세 최고세율 구간을 10%p(50% → 40%) 줄였는데, 윤석열 정부는 이른바 부자감세라는 비판을 받으면서까지 이 법안을 과감하게 추진했다. 따라서 내년 이후부터는 감세하지 않는다고 하더라도 3년 동안 시행된 세법 개정으로 인해 총 감세 규모가 76조 원 정도 될 것으로 예상된다.

역대 가장 큰 규모의 감세정책을 폈던 이명박 정부의 경우 재임 기간 감세 규모가 45조 8,000억 원에 불과했던 것을 감안하면 윤석열 정부의 감세 규모가 얼마나 큰지 알 수 있다. 물론 남은 재임기간 동안 증세할 수도 있

---

3   이 부분은 류덕현, ≪경향신문≫ '경제직필' 8월 칼럼 "감세정부, 증세할 수밖에 없는 정부"(2023.8.7)를 참조했다.

지만 그것은 희망사항에 불과하다. 그렇지 않아도 재정수지 적자가 한 해 GDP의 4%에 해당하는 약 100조 원인 현실에서 세입기반을 튼튼히 하고 증세를 통해 적자규모를 줄이려 노력해도 어려운 상황임에도 불구하고 과감하게 감세정책을 펴는 것이 윤석열 정부의 특징이다.

한편 2024년 예산안의 국세수입은 367.4조 원으로 설정되었는데, 실제 세입이 이와 유사하거나 초과할 경우 경기 회복으로 인한 세수 증가와 감세로 인한 경제 활성화에 따른 증세 효과가 나타나 예상 외로 세입이 늘어날 수 있다. 이 시나리오는 래퍼 곡선의 극적인 효과가 발휘되는 것이라 볼 수 있다. 그러나 실제 세입이 예상에 미치지 못할 경우 여러 문제가 발생할 수 있다. 경기가 회복됨에도 불구하고 감세정책으로 인해 세입결손이 발생할 가능성이 있으며, 반도체 경기 등의 회복이 지연되어 세수 부문 간 불균형 회복이 나타날 수 있다. 또한 세입 전망의 반복적 오류가 현실화될 수 있다. 이러한 상황에서는 세입기반이 크게 약화될 가능성이 크며, 감세정책으로 인해 재정의 건전성과 지속가능성이 위협을 받을 것이다. 세출보다는 세입 여건의 악화가 문제로 작용해 국채 발행을 통한 적자 재정 보전이 불가피할 것으로 예상된다.

애덤 스미스의 『국부론』(1776)은 현대 재정학에서도 원용되고 있는데, 이 책에서는 조세부과의 원칙을 응능(應能) 원칙(소득비례성의 원칙), 확정성의 원칙, 납부편의성의 원칙, 그리고 효율성의 원칙 등으로 정립하고 있다. 2024년 단행된 세법 개정안의 주요 내용 중 상속세 인하와 금융투자소득세 폐지는 첫 번째 원칙인 응능원칙, 즉 각 개인이 가진 능력(수입)에 비례해 조세를 부담하는 원칙을 위배한 것으로 볼 수 있다. 또한 2025년 1월 1일에 시행하기로 이미 2년 전에 공표된 금융투자세의 폐지 또한 확정성의 원칙에 위배된다고 볼 수 있다. 설사 이들 원칙이 최대한 지켜졌다고 하더라도 세법 개정 전후의 전체 조세수입은 크게 변동하지 않아야 한다는 세수중립성의 원칙에서 크게 어긋난 것이다. 더욱이 최근의 경기 침체 지속으로 국세수입이 개선되지 않고 있다는 점을 고려하면 이러한 감세정책은 더욱 이해하기 어렵다. 2023년 56조 원의 세입결손을 기록하고 2024년에도 세입결손이 예상되는데도 정부는 3년 연속 감세정책을 펴고 있는 것이다.

이명박 정부 이후 정권이 몇 번 바뀌었다. 감세하는 정부가 있으면 그 뒤로는 증세하는 정부가 나타날 수밖에 없다. 정권을 잡은 후 나라곳간이 텅 비어 있으면 이를 채워놓지 않을 수 없기 때문이다. 이명박 정부의 감세 이후 박근혜 정부는 재임기간 중 총 18조 원 정도를 세입기반 확충과 비과세 감면 축소 등을 통해 증세했다. 물론 주로 저소득층에서 증세했으므로 형평성의 측면에서 비판받을 소지는 있다. 하지만 박근혜 정부의 증세정책이 문재인 정부 초기에 대규모의 초과 세수를 가져다 줘 문재인 정부 정책을 실현하는 실탄을 넉넉하게 제공한 것 역시 사실이다. 하지만 이후 문재인 정부는 압도적인 입법부 권력을 가졌음에도 불구하고 세입기반을 번듯하게 확충하는 데 실패했다. 진보정부가 가진 증세 트라우마에 갇혀 제대로 된 조세개혁을 하지 못하고 재임기간 내 겨우 1조 원에도 미치지 못하는 세입 증대를 실현했을 뿐이다. 그 결과 2000년 이후 20여 년 동안 우리나라 조세부담률은 20% 내외에서 소폭으로 늘었다 줄었다 할 뿐이었다. 그 사이 저출산·인구구조 고령화는 쏜살같이 진행되어 2025년부터 초고령사회로 진입하게 되었다. 고령화 비율이 1% 증가할 때마다 늘어나는 복지지출은 대략 GDP의 1%인 25조 원 정도이다. 그런데도 우리나라의 조세부담률은 여전히 답보상태이다.

2022년 출범한 윤석열 정부는 3년 연속 큰 폭의 감세정책을 펴고 있다. 과거 개발시대의 조세재정당국은 나라살림의 금고지기로 자부심이 대단했으며 지금도 여전히 그러하다. 그런데 지금의 조세정책은 그 명성과 자부심에 금이 갈 정도로 무너진 것처럼 보인다. 흥청망청 쓰는 것도 안 될 일이지만 나라곳간을 채우는 일에 소홀해서도 안 된다. '세자 천하지대본(稅者 天下之大本)'임을 잊어서는 안 된다. 진보를 지향하든 보수를 지향하든 간에 말이다.

4. 결론 및 정책적 시사점

2024년 4월 10일 치러진 22대 국회의원 선거 이후 정부와 정치권은 '정책의 시간'에 접어들었다. 총선은 정책의 방향을 결정하는 중요한 분기점이기 때문에 선거 결과에 따라 새로운 정책 기조가 형성되거나 기존 정책이 재조정될 가능성이 크다. 특히 경제, 사회, 복지, 외교 등의 다양한 분야에서 정책 우선순위가 새롭게 설정된다. 이 중 경제정책에 대한 정책적 제안은 다음과 같다.

첫째, 서민경제를 회복하고 안정시켜야 한다. 2024년 1분기 성장률 실적을 보면 내수와 소비의 견조한 회복세가 확인되었으나 서민경제와는 괴리가 크다. 여전히 높은 물가 수준은 서민 가계에 부담이 되고 있는데, 특히 생필품과 농산물 가격을 안정시켜야 한다. 물가 안정 조치는 서민들의 경제적 부담을 덜고 경제 전반의 회복을 촉진할 것이다.

둘째, 세입기반을 시급히 강화해야 한다. 2024년 3월 현재 국세수입 진도율이 23.1%에 불과하며, 세수실적도 2023년 대비 매우 저조한 추세를 보이고 있다. 2022년과 2023년에 시행된 감세정책이 본격적으로 효과를 발휘할 가능성에 대비해 세입기반을 확충할 방안을 마련해야 한다. 세수 감소로 인한 재정 압박을 해결하기 위해서는 세입을 증대하기 위한 새로운 대책을 세워야 할 것이다.

셋째, 재정정책 운용 기조를 재정비해야 한다. 총선 전 공약 사항을 재검토하고 필요하다면 2025년 예산안에 반영해 조정해야 한다. 재정건전성을 유지하면서도 지속가능하도록 재정을 운용하기 위해서는 균형 잡힌 정책이 요구된다. 경제 회복을 위한 재정지출과 함께 장기적으로 재정건전성을 훼손하지 않는 정책 설계가 필수적이다.

넷째, 재정규율을 정비해야 한다. 원칙 없이 시행된 감세 조치들은 효과성이 충분히 검증되지 않았으므로 이러한 조치들을 원위치시키고 재정규율을 강화할 필요가 있다. 효과적이지 않은 감세정책은 재정의 지속가능성을 훼손할 위험이 있으므로 면밀히 검토한 후 조정해야 한다.

한편, 윤석열 정부는 출범과 동시에 지난 정부와 차별화된 재정정책으로 건전재정을 주장하고 있다. 하지만 말로만 건전재정을 외치고 있을 뿐, 역대급 감세정책과 세입기반 약화로 인해 갈수록 재정이 불건전해지고 있다. 따라서 재정건전성에 지나치게 집착하면 목표와 수단이 전도되어 재정도 건전하지 않게 되고 민생 역시 불안정해질 것이다.

재정수지가 무조건 균형을 이루어야 한다거나, 균형과 가까운 수준의 적자 또는 흑자가 바람직하다는 것은 본질적으로 잘못된 주장이다. 정부의 역할과 기능은 경제안정을 이루는 것이며, 이를 위한 정책적 수단이 재정정책이다. 중요한 것은 재정수지의 균형 자체가 아니라 재정정책이 경제안정이라는 목표를 얼마나 효과적으로 달성하는가 하는 것이다. 또한 재정정책 운용에서 중요한 것은 경제 상황에 맞는 유연성과 대응력이다. 즉, 재정정책은 목표인 경제안정을 위해 수단으로 사용해야 하며, 수단이 목표를 좌우해서는 안 된다. 경제안정이라는 목표를 위한 수단으로서의 재정정책이 지나치게 경직되거나 잘못된 방향으로 작용해 목표 자체를 훼손해서는 안 된다.

마지막으로 지금 당면한 과제는 붕괴된 세입기반을 확충하고 미래세대를 위해 지속가능하고 공정한 근본적인 조세개혁을 추진하는 것이다. 조세구조 개선과 효율적인 세수 확대 방안을 통해 정부의 재정여력을 확보하면서도 경제안정을 이루기 위한 정책적 대응을 강화하는 것이 절실한 시점이다.

제2장

윤석열 정부 조세재정정책 2년의 평가와 과제[*]

강병구

윤석열 정부의 조세재정정책 기조는 2022년 5월 발표한 110대 국정과제 중 다섯 번째인 '민간주도 성장을 뒷받침하는 재정 정상화와 재정의 지속가능성 확보'로 집약되며, 낙수효과(trickle-down)를 전제로 하고 있다. 이어서 6월에 발표한 「새정부 경제정책 방향」은 경제운용의 목표를 저성장 극복과 성장-복지의 선순환에 두고, 4대 정책 방향과 함께 민생안정을 최우선 과제로 제시했다. 8월 발표한 「2022~2026년 국가재정운용계획」에서는 재정운용의 기본방향을 건전재정 기조 확립, 서민·사회적 약자에 대한 민생지원, 강력한 재정혁신으로 정하고, 건전재정 기조를 확립하기 위해 재정준칙 도입, 지출 효율화, 재원조달 다변화, 재정성과관리체계 강화, 공공부문 효율화와 민간역량 활용 등을 정책과제로 제시했다. 요약하

---

[*] 이 글은 ≪SIES 이슈와 정책≫ 제69호(2024. 4. 25)에 게재한 글을 보완한 것이다.

면 재정은 민간주도 성장전략을 지원하는 데 중점을 두고 최소한으로 운영한다는 것이다.

1. 재정정책 평가

윤석열 정부가 추진한 조세재정정책의 결과에 대해서는 다음과 같이 평가할 수 있다.

첫째, 대규모 감세정책으로 인해 과세기반이 위축되고 재정건전성이 취약해졌다. 〈표 2-1〉에서 보듯이 윤석열 정부는 2022~2024년에 걸친 세 번의 세제개편안을 통해 총 81.6조 원(누적법 기준)에 달하는 감세를 시도했는데, 서민·중산층과 중소·중견기업에 대한 감세보다는 고소득자와 대기업에 대한 감세 규모가 더 크다. 세목별로는 법인세가 가장 컸으며, 소득세, 종합부동산세, 상속세·증여세, 증권거래세 등 주로 자산소득에 집중되었다. 정부의 「2024년 조세지출 기본계획」에 따르면 2023년과 2024년 국세감면액은 각각 69.5조 원과 77.1조 원에 달하고, 국세감면율이 국세감면 한도를 초과할 것으로 전망된다. 감세 조치에 따른 투자와 고용 증대로 세수가 증가할 것으로 기대했지만, 오히려 2023년에 56.4조 원에 달하는 세수결손이 발생했고, 통합재정수지 적자와 관리재정수지 적자는 각각 36.8조 원과 87.0조 원을 기록하면서 국가채무 또한 전년 대비 59.4조 원 증가했다.

둘째, 긴축재정으로 재정의 경제안정화 및 성장지원 기능이 약화되었다. 〈표 2-2〉에서 보듯이 2023년에는 GDP갭률이 -0.420%를 기록해 확

〈표 2-1〉 재정지표(단위: 조 원)

		2021년	2022년	2023년	2024년
감세 규모(세법 개정안)		-7.2	-60.3	-2.9	-18.4
국세감면액		57.0	63.5	69.5e	77.1e
초과 세수(세수결손액)		61.4	63.2	-56.4	-29.6e
예산불용액		8.3	12.9	45.7	-
총지출 증가율(본예산)		8.9%	8.9%	5.1%	2.8%
주요 분야별 세출예산 비중	보건·복지·고용	35.6%	35.3%	34.9%	36.7%
	교육	12.7%	13.7%	14.9%	13.6%
	R&D	4.9%	4.8%	4.8%	4.0%
	국방	9.4%	8.9%	8.8%	9.0%
통합재정수지		-30.4	-64.6	-36.8	-44.8e
관리재정수지		-90.5	-117.0	-87.0	-92.0e
국가채무		970.7	1,067.4	1,126.7	1,196.2e

주: e는 전망치임. 2024년 경제성장률 전망치는 2024년 7월 17일 IMF 발표를 근거로 함.
자료: 통계청 Kosis; 재정정보원, 열린재정; 한국은행, 경제통계시스템; IMF, *World Economic Outlook*(April 2024).

〈표 2-2〉 경제지표(단위: %)

		2021년	2022년	2023년	2024년
경제성장률	전체	4.6	2.7	1.4	2.5e
	민간	4.0	2.3	1.1	-
	정부	0.7	0.5	0.3	-
	내수	4.1	2.7	1.4	-
	순수출	0.6	0.0	0.0	-
GDP갭률		-0.376	0.261	-0.420	-0.252e
재정충격지수(FI)		-2.21	1.58	-0.59	-0.42e
근로자 1인당 실질임금 증감률		2.7	3.1	-2.5	-1.7
취업자 증감률		-1.4	3.8	1.5	1.1

주 1) 2023년 IMF 재정충격지수 산출에서 정부의 총수입과 총지출은 전망치임.
2) 재정충격지수가 양(+)의 값이면 전년도보다 재정기조가 확장적임을, 음(-)의 값이면 긴축적임을 의미함.
3) 근로자 1인당 실질임금 증감률과 취업자 증감률은 전년 1분기 대비 증감률임.
자료: 한국은행, 경제통계시스템 국민계정(2020년 기준); 고용노동부, 「사업체노동력조사 결과」(2024.4); 통계청, 「경제활동인구조사」; IMF, *World Economic Outlook database*(April 2024).

장적인 재정정책이 필요했지만, 재정을 긴축적으로 운용해 재정충격지수가 -0.59%p일 것으로 전망된다. 2023 회계연도 예산현액(540조 원) 대비 45.7조 원에 달하는 예산불용액(불용률 8.5%)이 발생했고[1] 2024년 중앙정부 총지출(본예산 기준)은 2005년 이후 최저의 증가율(2.8%)을 기록했다. 정부의 소극적인 재정운용으로 인해 정부 부문의 GDP에 대한 성장기여도는 2021년 0.7%p에서 2023년 0.3%p로 떨어졌고, 2022년 이후로는 1분기 근로자 1인당 실질임금과 취업자 증가율도 하락했다.

셋째, 실질임금의 감소와 취업 증가의 둔화로 가구소득이 감소하고 시장소득의 양극화도 확대되었다. 〈표 2-3〉에서 보듯 2023년 상반기에는 전년 동기 대비 가구실질소득이 마이너스의 증가율을 기록했고, 2022~2023년의 기간에는 근로소득과 재산소득의 격차가 시장소득의 5분위배율 상승을 주도했다. 3분기와 4분기에는 공적이전소득의 5분위배율이 상승했고, 2023년 4분기와 2024년 1분기에는 경상조세의 5분위배율이 하락해 상위소득자의 세 부담이 상대적으로 줄어들었다. 반면에 사회보험료는 전 기간에 걸쳐 양극화를 완화하는 방향으로 작용했다. 처분가능소득의 5분위배율은 2023년 1분기와 3분기에는 확대되었고 2024년 1분기에는 축소되었다.

넷째, IMF에 따르면 2023년 한국의 총수입과 총지출 전망치는 각각 GDP 대비 23.9%와 24.9%로 선진국 평균 38.8%와 40.8%를 밑돌고 있다. 총부채도 55.2%로 선진국 평균 69.9%보다 낮다. 반면에 2023년 12

---

[1] 기획재정부에 따르면 국세수입 감소에 따른 지방교부세·교부금의 감액 조정(18.6조 원)과 정부 회계·기금 간 중복계상되는 내부 거래(16.4조 원)를 제외한 사실상의 불용액은 10.8조 원에 달한다.

<표 2-3> 분배지표(단위: 배)

		1분기			2분기		3분기		4분기	
		2022년	2023년	2024년	2022년	2023년	2022년	2023년	2022년	2023년
가구실질소득 증감률		5.9%	0.1%	-1.6%	6.9%	-3.9%	-2.7%	0.2%	-1.0%	0.5%
적자가구 비율		23.5%	26.7%	26.8%	22.8%	23.0%	25.3%	24.6%	24.8%	24.7%
소득 5분위 배율	시장소득	20.53	21.02	19.57	15.56	16.48	16.14	18.30	15.70	16.04
	근로소득	32.75	37.15	33.44	19.64	26.3	24.76	29.05	23.40	23.42
	사업소득	24.46	16.17	17.16	27.25	16.47	14.58	16.69	14.75	15.76
	재산소득	4.45	4.18	7.59	6.00	7.45	9.45	8.40	4.31	12.36
	공적이전소득	1.29	1.26	1.38	2.21	1.04	0.84	0.86	0.67	0.94
	경상조세	94.93	95.23	83.06	63.51	72.74	16.04	19.59	82.28	70.66
	사회보험료	16.97	19.42	25.95	14.24	19.28	17.26	24.09	17.82	21.47
	처분가능소득	10.00	10.33	9.08	8.86	8.32	8.95	9.17	8.70	8.57
분배개선효과		51.3%	50.9%	53.6%	43.1%	49.5%	44.5%	49.9%	44.6%	46.6%

주 1) 소득5분위배율=상위 20% 소득계층의 평균소득/하위 20% 소득계층의 평균소득
2) 분배개선효과=(시장소득-처분가능소득)/시장소득×100
자료: 통계청, 「가계동향조사」.

월 국제결제은행(BIS) 기준 가계부채는 GDP 대비 100.5%로 선진국 평균 71.8%를 크게 웃돌고 있다. 재정이 역할을 제대로 하지 못하면 가계 빚이 늘어난다. 한국경제는 재정중독이 아니라 재정결핍 상태에서 막대한 가계부채로 인해 민생이 어려운 처지에 있다. 2023년 4분기 상위 20% 소득계층의 적자가구 비율은 7.3%이지만, 하위 20% 소득계층의 적자가구 비율은 무려 55.8%에 달했다. 통계청의 「가계금융복지조사」에 따르면 2022년 부채보유가구 중 하위 20% 소득계층의 처분가능소득 대비 원리금 상환액 비율은 52.6%에 달했다. 상위 20% 소득계층도 처분가능소득의 27.1%를 대출 원리금 상환으로 지출했다.

다섯째, 분야별 재정지출의 불균형과 세수 오차로 예산 낭비가 우려된다. 우리나라의 분야별 재정지출을 보면 국방 분야의 비중은 OECD 회원

<표 2-4> 정부부채와 가계부채(단위: GDP 대비 %)

			2021년	2022년	2023년	2024년
일반 정부	총수입	한국	25.7	27.1	23.9e	23.9e
		선진국	39.1	39.0	38.8e	38.9e
	총지출	한국	25.7	28.7	24.9e	24.5e
		선진국	43.0	40.9	40.8e	40.6e
	총부채	한국	51.3	53.8	55.2e	56.6e
		선진국	75.8	71.1	69.9e	69.4e
가계부채 비율		한국	105.4	104.5	100.5	-
		선진국	74.6	73.5	71.8	-

주 1) e는 전망치임.
2) 가계부채 비율을 제외한 선진국 수치는 한국을 제외한 평균값임. 캐나다, 사이프러스, 독일, 이탈리아, 라트비아, 뉴질랜드, 싱가포르, 스위스, 영국의 2023년 수치는 실제 값임.
자료: IMF, *World Economic Outlook*; BIS Data Portal.

국 평균보다 높지만, 보건 및 사회보호 분야의 비중은 OECD 평균보다 낮아서 재정지출의 효율성에 문제를 보이고 있다. 더욱이 과도한 규모의 세수 오차는 자원의 효율적인 배분과 소득의 공평한 분배는 물론, 경제의 안정과 성장 등 재정정책의 역할과 기능도 제약한다. 특히 경기 침체기에 초과 세수가 발생하면 예상하지 못한 지방재정교부금과 지방교육재정교부금이 발생하며, 중앙정부의 재정 규모 증가로 재정의 효율적인 활용이 저해된다. 하지만 세수결손은 지방정부의 재정지출을 제약해 민생경제를 더욱 어렵게 한다. 2023년에 56.4조 원의 세수결손이 발생한 이유는 예산 당국이 실질경제성장률과 GDP 디플레이터를 실제보다 높게 전망했기 때문인데, 그 이면에는 감세로 인한 투자 및 고용효과에 대한 낙관적인 기대가 작용한 것으로 판단된다. 한편 2003~2023년 기간을 보면 2년 전의 관리재정수지 적자 규모와 2년 후 초과 세수의 규모가 반대 방향으로 움직여 재정 적자 폭이 클수록 초과 세수 규모가 커지는 경향을 보인다(<그림 2-1> 참

<그림 2-1> 관리재정수지(t-2)와 세수 추계 오차(단위: 조 원)

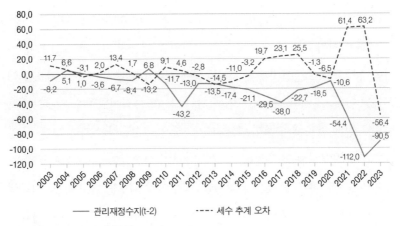

자료: 기획재정부, 《월간 재정동향》, 각 연도.

조). 이러한 추이는 재정건전성을 중시하는 재정 당국의 기류가 세입 예산을 결정하는 데 일정 정도 반영된 결과로 추정된다.

2. 조세재정정책의 과제

22대 총선에서는 한국매니페스토실천본부가 '4·10 총선 유권자 10대 의제'를 발표했는데, 여기서 제시한 우리 사회가 해결해야 할 주요 과제 가운데 일부는 각 당의 10대 공약에도 포함되었다. 한국매니페스토실천본부가 제시한 10대 의제는 민생안정, 저출생 대책, 사회적 갈등 완화, 불평등과 양극화 해소, 사회안전망 구축, 균형발전 및 지역소멸 대처, 청년실업 대책, 창의적 인재 양성을 위한 교육제도, 탄소중립과 환경·사회·지배구조

(ESG) 대응책, 저성장 극복 대책 등이다.

하지만 2024년 7월 3일 발표된 정부의 「2024년 하반기 경제정책 방향」을 보면 여전히 반도체 수출 주도의 외향적인 성장에 의존하고 있으며, 재정을 소극적으로 운용하면서 자본소득에 대한 감세를 단행하는 기조를 이어가고 있다. 하지만 반도체산업이 지닌 자본집약적이고 수입유발적인 특성으로 인해 반도체 수출이 주도하는 성장은 내수진작 효과와 고용 및 임금효과가 기대처럼 크지 않다. 2024년 1분기 성장률(전년 동기 대비) 3.3% 중 순수출의 기여도는 4.3%p이지만, 내수의 기여도는 -1.0%p를 기록했고, 월평균 실질임금은 1.7% 감소했다. 전년 동월 대비 취업자 증가율은 2023년 6월 1.2%에서 2024년 6월 0.3%로 하락했다. 대출 규제 완화 등 금융지원에 편중된 소상공인 대책은 높은 가계부채 비율과 가파르게 상승하는 연체율을 고려할 때 근본적인 민생대책으로 보기 어렵다. 더욱이 기후변화는 우리가 직면하고 있는 심각한 위기 요인이지만, 어디에서도 대응 방안이 언급되지 않았다. 유럽과 미국이 도입을 예고하고 있는 탄소국경세는 에너지 다소비형 제조업으로 구성된 한국의 수출산업에 커다란 위협요인으로 다가오고 있다.

대전환기의 구조 변화에 직면해 성장동력을 살리고 분배구조를 개선해 사회발전을 견인하기 위해서는 줄·푸·세(세금은 줄이고, 규제는 풀고, 법질서는 세운다)의 틀을 넘어 정책 선택의 지평을 넓혀야 한다. 이를 위한 방안으로 다음과 같이 제안한다.

첫째, 누진적이고 보편적인 방식의 세수 증대로 복지국가의 발전에 필요한 재원을 확보해야 한다. 2022년 대규모 감세에 이은 2023년의 세수결손과 대규모의 투자세액 공제, 2024년 세법 개정안에 제시된 향후 5년간

18.4조 원에 달하는 감세 등으로 재정의 지속가능성에 대한 우려가 더욱 커지고 있다. 최근 선진국들은 세계 경제가 직면한 구조 변화에 대응해 부자 증세, 재정준칙 완화 등을 통해 조세·재정의 역할을 강화하고 있다. 글로벌 최저법인세, 횡재세, 연대기여금 등을 도입하는 해외사례에서 보듯이 세계 각국은 집합위기에 직면해 감세와 규제 완화보다 증세와 정부 역할을 중시하고 있다.

둘째, 조세와 재정의 정책기능을 강화해야 한다. 인구, 기술, 기후, 세계 경제질서의 구조 변화에 따른 고용불안과 이중구조, 양극화와 불평등, 경기 부진과 잠재성장률 하락, 가계부채 증가 등에 직면해 재정이 적극적으로 역할을 수행해야 한다. 저출생·고령화로 인한 인구구조의 변화는 잠재성장률 하락의 주된 원인이므로 결혼·출산·양육을 지원해야 하며, 고용안정과 주거불안을 해소할 수 있는 종합적인 조세재정정책을 마련해야 한다. 디지털 전환의 과정에서 예상되는 고용불안을 해소하고 비숙련 노동자와 숙련 노동자 간 임금 격차를 완화하기 위한 종합적인 세제지원도 필요하다.

셋째, 분배와 성장이 선순환을 이루는 조세·재정체계를 구축해야 한다. 우리 사회가 직면하고 있는 복합위기에 적극적으로 대응하기 위해서는 분배와 고용을 개선하고 재정의 지속가능성도 동시에 달성할 수 있는 조세·재정체계를 구축해야 한다. 고용안전망과 사회안전망을 확충하고 인적자본과 인내자본(patient capital)에 대한 투자를 확대해 혁신의 생태계를 조성해야 한다. 소득세와 자산세 중심의 세입 확충으로 소요 재원을 조달해야 하며, 재정지출이 증가함에 따라 점차 소비세를 확충하는 방안도 모색해야 한다. 특히 경기 침체와 인플레이션이 동시에 발생하는 시기에는 조세의 재분배 기능을 강화하는 방식으로 소요 재원을 조달해야 물가상승의 압력을 완화하면서 성장세를 회복할 수 있다.

넷째, 세수 오차를 축소해 재정운용의 안정성을 회복해야 한다. 대규모 세수 오차의 발생은 재정운용의 안정성과 신뢰성을 훼손하고 재정의 역할과 기능을 약화시켜 결과적으로 재정의 지속가능성을 저해한다. 세수 추계의 오차를 줄이고 경기대응적으로 예산을 편성하기 위해서는 기재부로부터 독립된 세수추계위원회를 구성해 기재부의 세수 추계 모형을 타 기관의 추계 모형과 비교 검토하고, 거시지표와 자산시장 전망의 정확성을 개선하며, 세입징수상황 자료의 공개를 단축하고, 세수 오차에 대한 원인 분석과 개선방안을 결산보고서 부속자료로 제출하는 등의 조치를 실시해야 한다. 그리고 무엇보다 11월 말에 변화된 경제 상황을 반영한 세수 추계 변경치를 국회의 심의과정에 반영하는 절차를 도입해야 한다.

3. 재정운용 거버넌스 개편

재정의 사회적 책임성을 높이기 위해서는 사회적 수요를 예산에 적절히 반영하고 재정지출의 효율성을 높이도록 재정운용 거버넌스를 개편해야 한다. 참여정부는 재정을 효율적으로 관리하기 위해 재정개혁 4대 과제(국가재정운용계획 수립, 총액배분자율편성 예산제도, 재정사업 성과관리제도, 디지털예산회계제도)를 도입했지만, 여전히 부처의 자율성보다는 예산 당국의 통제가 우세한 경향을 보이고 있다. 한국경제가 직면한 복합적인 위기에 탄력적으로 대응하기 위해서는 경제정책과 사회정책의 재정수요를 균형 있게 반영할 수 있도록 재정운용체계를 재편하고 조세정보와 재정정보를 투명하게 공개해 정부의 재정활동에 대한 국민의 신뢰를 높여야 한다. 여기서는 재정운용 거버넌스를 개편하기 위한 방안을 다음과 같이 제안한다.

첫째, 재정정책은 교육, 노동, 복지, 환경·에너지, 금융, 산업정책 등과 연계해 경제주체의 생산적 역량을 지원하되 양극화와 불평등 문제에도 적극적으로 대응해야 한다. 이 과정에서 정책 간의 시너지효과를 고려해 정책효과를 극대화하는 정책조합을 만들어야 하지만, 차선의 이론(theory of the second best)이 시사하는 바와 같이 최적의 정책조합을 찾아 실행하기는 매우 어렵다. 현실에서는 우선 과제에 집중하면서 그로부터 파생되는 문제에 대응하는 방식이 바람직할 수 있다. 정책을 집행하기 전에는 국가재정전략회의 또는 국정과제위원회를 통해 범정부 차원에서 정책을 조율해야 한다.

둘째, 관료 중심의 재정운용 거버넌스를 개편해야 한다. 현재 기재부 중심의 예산편성 방식은 재정지출에 대한 사회적 필요와 혁신적 포용 국가의 재정수요를 제대로 반영하지 못하고 있다. 더욱이 건전재정에 치우친 기재부가 예산에 대한 편성, 집행, 평가를 실질적으로 총괄하기 때문에 '기재부 정부'와 '관료의 정치화'가 우려된다. 재정여력이 취약했던 개발연대에는 관료적 효율성이 경제성장에 긍정적으로 작용했지만, 다양한 계층의 사회적 요구를 예산에 반영해야 하는 오늘날에는 재정의 정치적 책임성을 강화하는 방식으로 재정운용체계를 개편해야 한다.

셋째, 예산 결정 과정에서 재정운용 권한이 행정부에 편향된 것은 재정민주주의 관점에서 바람직하지 않으므로 예산 결정 권한을 균형 있게 재배치해야 한다. 재정의 재분배 기능을 강화하고 분배와 성장의 선순환 구조를 구축하기 위해서는 참여예산제도 활성화, 국회의 예산안 심의절차 개선, 선거제도에서 대표성의 제고 등을 통해 재정민주주의의 기반을 확충해야 한다. 먼저 참여예산제도를 활성화하고 국회의 예산안 심의절차를 개선해야 한다. 다수대표제(majoritarian system)를 채택하고 있는 국가에서는 부동표가 소득분포와 정치이데올로기의 중간지점에 위치한다. 그렇기 때문에 정당은 중산층과 무당파 유권자들의 표를 얻기 위해서는 노력하지만, 빈곤계층은 직접적인 관심의 대상이 아니다. 반면에 비례대표제(proportional system)에서는 빈곤층의 표가 곧 의석수에 영향을 미치기 때문에 빈곤층의 이해관계가 특정 정당이나 중도 좌파 정당의 지지를 받을 수 있다. 이러한 차이로 인해 비례대표제를 채택하고 있는 국가에서는 다수대표제 국가보다 사회지출의 규모가 크며, 빈곤과 불평등에 대응하는 정책도 활성화된다.

4. 맺음말

2024년 4월 치러진 총선은 윤석열 정부에 대한 국민의 중간평가이기도 했다. 총선 이후 처음으로 개최된 국무회의에서 대통령은 출범 후 2년의 국정을 '과도한 재정중독을 해소하는 과정'으로 평가하면서 민생의 중요성을 강조했다. 하지만 과도한 규모의 가계부채와 고물가, 고금리, 고환율의 삼중고로 민생이 어려운 상태임에도 정부는 부자감세와 긴축재정 기조를 유지하면서 재정을 소극적으로 운용했다. 그 결과 경제성장률이 하락하면서 시장소득의 양극화가 확대되었고, 가계부채와 적자가구 비율이 증가했다.

꽉꽉해진 민생경제를 회복하고 분배와 성장의 선순환을 이루기 위해서는 현실에서 작동하지 않는 낙수효과에 대한 기대를 철회하고, 누진적인 방식으로 세수를 확충해 취약한 사회안전망을 강화해야 한다. 나아가 조세와 재정의 정책기능을 강화함으로써 인구, 기술, 기후, 세계경제질서의 구조 변화로 인한 고용불안과 노동시장의 이중구조, 양극화와 불평등, 경기 부진과 잠재성장률 하락, 가계부채 증가 등에 적극적으로 대응해야 한다. 한국경제는 재정중독에 빠진 게 아니라 재정결핍으로 신음하고 있다. 지금은 재정의 적극적인 역할이 필요한 시점이다.

제3장

—

재정준칙의 도입, 꼭 필요한가[*]

강병구

재정준칙(fiscal rules)은 총량적인 재정지표에 한도를 설정해 정부의 재량적 재정정책에 제약을 가할 수 있도록 법제화한 재정운용체계로, 재정의 책임성(fiscal responsibility)과 채무의 지속가능성(debt sustainability)을 목표로 하고 있다. IMF에 따르면, 재정준칙은 적용 기준에 따라 재정수지준칙, 채무준칙, 지출준칙, 세입준칙으로 분류되며, 현재 전 세계 106개 국가에서 도입하고 있다. 유형별로는 재정수지준칙과 채무준칙이 가장 많은 비중을 차지하고 있으며, 2008년 세계 금융위기 이후로는 지출준칙을 도입하는 국가의 비중이 증가했다.[1]

우리나라는 재정준칙을 도입하고 있지 않지만, 코로나19 팬데믹에 대

---

* 이 글은 《SIES 이슈와 정책》 제62호(2023. 4. 25)에 게재한 글을 보완한 것이다.
1 국회입법조사처, 「해외 주요국의 재정준칙 시행 현황과 시사점」, 《외국 입법·정책분석》 제22호(2022).

응하는 과정에서 재정적자와 국가채무가 큰 폭으로 증가해 재정준칙의 도입이 논의되고 있다. 특히 윤석열 정부는 다섯 번째 국정과제(민간주도 성장을 뒷받침하는 재정 정상화 및 재정의 지속가능성 확보)를 이행하기 위한 실천과제로 지출 효율화, 재원조달의 다변화, 재정성과관리체계 강화와 함께 재정준칙의 도입을 제시했다. 윤석열 정부에서 추진하는 재정준칙은 재정의 지속가능성을 목표로 하고 있지만, 민간주도 성장을 지원하는 방향으로 재정의 역할을 조정하려는 정책과 긴밀하게 연계되어 있다.

이러한 재정정책의 기조하에 2022년 9월 재정준칙의 구체적인 도입방안이 발표되었고, 최근에 이르기까지 법제화를 시도하고 있다.[2] 당시 정부는 국가채무의 빠른 증가, 대내외 경제의 불확실성, 미래세대에 대한 책임, 보편적인 제도 등을 재정준칙 도입의 추진 배경으로 제시했다. 재정준칙의 내용은 관리재정수지 적자 한도를 GDP 대비 -3%로 설정하되, 국가채무 비율이 60%를 초과할 경우 -2%로 축소하지만, 전쟁, 대규모 재난, 경기 침체, 대량실업, 남북관계의 변화, 대내외 여건에 중대한 변화 발생 등 예외적 상황에서는 준칙적용을 한시적으로 면제한다는 것이다. 예외 사유가 소멸한 후에 편성하는 본예산안부터는 재정준칙을 즉시 적용하기로 하고, 이를 담보하기 위한 재정건전화대책 수립을 의무화했다. 또한 재정환경 변화에 대응하기 위해 5년마다 한도를 재검토하고 세계잉여금을 통한 국가채무 상환비율을 기존의 30% 이상에서 50% 이상으로 확대하기로 했다.

---

2   관계부처합동, 「재정준칙 도입방안」(2022. 9. 13).

1. 재정준칙 도입의 필요성에 대한 재검토

정부가 내세운 재정준칙 도입의 배경은 재정이 지속가능해야 한다는 것이었다. 하지만 이 같은 필요성으로부터 재정준칙 도입의 당위성을 곧바로 도출하기는 어렵다. 재정준칙은 재정의 지속가능성을 보장하는 대안이 아니기 때문이다. 그 이유를 들면 다음과 같다.

첫째, 코로나19 팬데믹에 대응하는 과정에서 국가채무가 가파르게 증가했고 선진국 평균과의 격차가 줄어들고 있지만, 우리나라의 재정여력(fiscal space)은 아직 양호한 상태이다. 세계은행에 따르면 1998년 이후 41개 선진국은 평균적으로 만성적인 재정수지 적자를 기록하면서 부채도 큰 폭으로 상승해 2023년에 총부채가 GDP 대비 72.9%를 기록했다(<표 3-1> 참조). 반면에 한국은 2020년 코로나19 위기 이전까지 재정을 안정적으로 운용했으며, 2023년에는 GDP 대비 총부채 비율이 55.9%를 기록했다. 특히 순부채가 선진국 평균보다 낮은 이유는 정부의 금융성 지원 비중이 크기 때문인데, 이는 우리나라의 가계부채 비중이 높고 재정의 재분배 기능이 취약한 원인으로 작용하기도 한다. 정부부채는 2012년을 기점으로 선진국 평균과의 격차가 줄어들어, 2023년에는 총부채가 16.5%p의 격차를 기록했고 순부채는 21.9%p의 격차를 기록했다(<그림 3-1> 참조). 한편 IMF에 따르면 코로나19에 대응한 한국의 재량적 재정지출 규모는 2021년 9월 기준 GDP 대비 6.4%로 G20 국가 평균(11.7%)보다 작지만, 대출과 채무보증 등을 통한 기업의 지원 규모(10.13%)는 선진국 평균(11.4%)에 근접했다. 2023년 BIS 기준의 가계부채는 GDP 대비 100.5%로 선진국 평균 71.8%를 크게 웃돌고 있다.

<표 3-1> 재정여력지표와 가계부채 비율(단위: %)

		1998	2003	2008	2013	2017	2022	2023
총부채/GDP	한국	14.3	19.8	26.9	37.7	40.1	51.3	55.9
	선진국	54.7	53.3	51.7	74.0	70.9	74.1	72.9
순부채/GDP	한국	-	19.6	25.7	5.8	9.6	23.4	24.7
	선진국	40.0	34.1	31.7	51.4	46.8	48.1	46.7
총부채/평균 세수	한국	80.6	111.4	151.6	212..0	225.3	302.7	310.5
	선진국	228.8	233.5	227.2	326.8	317.0	341.9	336.5
재정수지/GDP	한국	1.13	1.56	1.65	0.83	2..19	-1.60	-1.02
	선진국	-1.76	-1.93	-0.91	-1.74	0.45	-1.89	-1.99
재정수지/평균 세수	한국	6.36	8.80	9.27	4.65	12.31	-9.03	-5.72
	선진국	-8.34	-9.80	-4.55	-8.59	1.90	-10.02	-10.01
기초재정수지/GDP	한국	1.76	2.35	1.18	0.38	1.84	-1.86	-1.17
	선진국	0.80	-0.41	0.08	-0.54	1.45	-1.23	-1.09
외환장기국채 시장수용성 지수	한국	10.7	15.3	16.3	17.7	18.7	18.7	18.7
	선진국	18.0	18.7	19.1	17.1	17.2	17.7	17.7
가계부채 비율	한국	46.1	62.8	71.0	78.4	89.4	104.5	100.5
	선진국	-	75.6	76.3	76.6	75.7	73.5	71.8

주: 가계부채 비율 이외의 선진국 평균은 한국을 제외한 수치임.
자료: World Bank Group, "A Cross-Country Database of Fiscal Space"(Version: Spring 2024 Database);
IMF, *World Economic Outlook database*(April 2024); BIS Data Portal.

<그림 3-1> 한국과 선진국의 정부부채 격차(단위: GDP 대비 %)

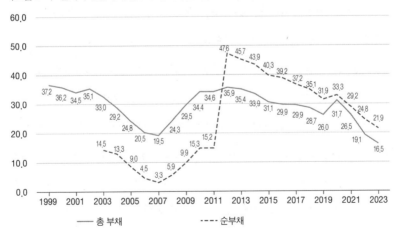

자료: IMF, *World Economic Outlook database*(April 2024).

둘째, IMF의 2023년 4월 「세계경제전망 보고서」에 따르면 2023년 한국의 경제성장률은 세계 경제성장률 2.8%보다 낮은 1.5%로 전망되었다. 한국경제의 하방리스크에 대응하기 위해서는 재량적 재정정책을 적극적으로 활용하면서 중장기적으로 재정의 자동안정화장치를 강화해야 했다. 재정의 자동안정화장치가 취약한 상태에서 재정을 경직적으로 운용할 경우 단기의 경기 침체는 성장잠재력의 약화로 이어져 재정의 지속가능성이 오히려 위협받을 수 있다. 통합재정수지가 아닌 관리재정수지를 기준으로 적자 한도를 설정하면 재정운용의 여지가 좁아지며, 재정준칙의 적용을 면제하는 예외조항이 있더라도 정책조정과 집행에 따른 시차의 문제로 인해 경기변동에 적절히 대응하기 어렵다.

〈표 3-2〉에서 보듯이 1999년부터 2022년의 기간에 재정의 자동안정화장치는 0.356으로 선진국 평균 0.599에 비해 취약한데, 이것은 낮은 국민부담률과 취약한 공공사회복지지출이 주된 원인이라고 할 수 있다. 2022년 한국의 국민부담률과 GDP 대비 공공사회복지지출 비중은 각각 33.3%와 14.8%로 OECD 회원국 평균 35.6%와 21.1%를 밑돈다. 2020년 조세 및 공적이전소득의 소득불평등 개선효과도 18.3%를 기록해 선진국 평균 31.1%보다 낮은데, 우리나라와 북유럽 및 서유럽 복지국가들 간 격차는 더 크게 벌어진다.

한편 재정은 대체로 경기대응적 방식으로 운용되었지만, 부분적으로는 경기순응적이기도 했다. 〈표 3-3〉에서 보듯이 긴축적인 재정정책이 필요한 시점에서 재정을 확장적으로 운용하기도 했고(2004년, 2008년, 2022년), 반대로 확장적인 정책이 필요한 시점에서 긴축적으로 운용하기도 했다(1998년, 2012년, 2016~2019년, 2021년, 2023년). 만약 재정건전성을 중

<표 3-2> 재정의 자동안정화장치와 재분배 기능(단위: %)

	한국	선진국
자동안정화장치(1999~2022년)	0.356	0.599
국민부담률(2022년)	33.3	35.6
공공사회복지지출((2022년)	14.8	21.1
재정의 소득불평등 개선효과(2020년)	18.3	31.1
북유럽	41.5	
서유럽	42.2	
남유럽	37.0	
영미	32.6	

주 1) 자동안정화장치는 IMF의 총괄법(aggregated approach)으로 측정함.
2) 소득불평등 개선효과=(시장소득 지니계수-처분가능소득 지니계수)/시장소득지니계수.
자료: https://www.imf.org/en/Publications/WEO/weo-database/2022/October;. OECD, Stat.

<표 3-3> 재량적 재정정책지표

	GDP갭률	통합재정수지	재정기조지표(FIS)	재정충격지수(FI)
1998년	-7.158%	1.2조 원	-5.3	-0.73
2004년	0.121%	5.6조 원	-0.8	1.47
2008년	0.586%	15.8조 원	-19.0	0.95
2012년	-0.387%	18.5조 원	-24.5	0.09
2016년	-0.830%	16.9조 원	-28.7	-1.12
2017년	-0.518%	24.0조 원	-40.2	-0.54
2018년	-0.316%	31.2조 원	-48.7	-0.37
2019년	-0.710%	-12.0조 원	-7.2	2.19
2020년	-2.643%	-71.2조 원	43.3	2.60
2021년	-0.376%	-30.5조 원	0.4	-2.21
2022년	0.261%	-64.6조 원	34.7	1.58
2023년	-0.420%	-36.8조 원	22.7	-0.59

주: 재정기조지표(FIS)가 양(+)의 값이면 해당 연도의 재정기조가 확장적임을, 음(-)의 값이면 긴축적임을 의미함. 재정충격지수(FI)가 양(+)의 값이면 전년도보다 재정기조가 확장적임을, 음(-)의 값이면 긴축적임을 의미함.
자료: 기획재정부, 「한국의 통합재정수지」; IMF, *World Economic Outlook Database*(April 2024).

시하는 재정 당국에 의해 세수 오차가 구조적으로 발생한다면 재정의 안
정화 기능은 더욱 약화될 것이고, 자원의 효율적 배분은 물론 분배와 성장

에도 부정적으로 작용할 것이다.

셋째, 국채를 발행해 미래세대의 인적자본에 투자하는 방식은 조세평탄화(tax smoothing) 효과를 유발해 조세제도로 인해 발생하는 동기의 왜곡현상을 감소시킬 뿐만 아니라 미래세대의 세 부담을 완화하는 데에도 도움을 줄 수 있다. 세율을 평탄하게 유지하기 위해서는 경기후퇴기에 재정적자가 필요하다. 다만, 저출산·고령화로 노년부양비가 급격히 증가할 것으로 전망되므로 미래세대의 부담을 완화할 수 있도록 사회보험료와 조세체계를 전반적으로 개편해야 한다. 특히 국민연금의 경우 소득대체율과 보험료율 인상 등의 모수개혁(parametric reform)과 국민기초생활보장제도, 기초연금, 국민연금, 퇴직연금 등의 소득보장제도를 연계해 구조개혁(structural)을 적절하게 조합하는 방안을 모색해야 한다. 사회적 편익과 부담에 대한 근본적인 개편이 부재한 상태에서 재정준칙을 이용해 지출을 통제하는 것은 합리적인 대안이 아니다.

넷째, 개별 국가의 사회경제적 환경을 고려하지 않은 채 특정 제도를 그대로 도입하면 제도 간 부정합성의 문제로 인해 오히려 역효과를 초래할 수 있다. 조선 의학자 이제마의 사상의학(四象醫學)은 체질에 따라 처방이 달라져야 한다는 것을 강조한다. 한국은 1960년대 이후 저임금을 기반으로 하는 수출주도형 성장전략과 함께 복지제도를 발전시켜 왔다. 그 결과 한국의 조세부담률은 OECD 회원국 평균에 근접하지만 복지지출은 여전히 큰 격차를 보이고 있다. 국가 간에 존재하는 사회경제적 차이를 고려하지 않고 국가채무 60%와 재정수지 적자 3% 기준을 그대로 적용하는 방식은 일반화의 오류를 범할 수 있다.

EU는 1997년 '안정과 성장에 관한 협약(The Stability and Growth Pact)'

을 제정해 재정적자와 국가채무 규모를 GDP 대비 각각 3%와 60% 이내로 관리할 것을 회원국에 권고했다. 하지만 적정 수준의 국가채무 비율에 대해서는 합의된 수치가 존재하지 않는다. 정부부채가 GDP의 90%를 넘으면 성장이 급격히 악화된다는 문턱효과(threshold effect)는 현실 경제에서 입증되지 않았다.[3] 오히려 2008년 금융위기 이후 재정건전화 정책을 강력하게 추진한 국가들은 잠재산출량뿐만 아니라 장기 GDP에서도 급격한 하락을 경험했다. 세계경제의 불확실성이 증폭되는 대전환의 시기에 재정을 경직적으로 운용하면 경기 침체의 골이 더욱 깊어지고 재정의 지속가능성도 유지하기 어렵다. 따라서 한국사회의 특수성을 고려해 재정의 지속가능성을 유지할 수 있는 제도를 모색해야 한다.

2. 재정의 지속가능성에 역행하는 재정준칙

정부는 재정정책을 활용해 자원을 효율적으로 배분하고, 소득을 공평하게 분배하며, 국민경제의 안정과 성장을 유인해야 한다. 윤석열 정부에서 도입을 추진하고 있는 재정준칙은 '선성장 후분배'의 연장선에서 낙수효과를 기대하고 있지만, 낙수효과가 작동하지 않는 현실에서 재정건전성에 집착할 경우 조세 및 재정의 재분배 기능과 경제안정화 기능이 약해져 양극화와 불평등이 심화되고 잠재성장률도 큰 폭으로 하락할 것이다. 기존의 연구 결과는 대체로 분배와 성장의 선순환 관계를 지지하고 있으며, 현

---

3   Carmen M. Reinhart and Kenneth S. Rogoff, "Growth in a Time of Deb,"*The American Economic Review* Vol. 100, No. 2(2010), pp. 573~578.

실에서는 낙수효과(trickle-down)가 아니라 분수효과(trickle-up)가 작동하고 있음을 확인할 수 있다. OECD 회원국을 대상으로 분석한 실증연구에 따르면 상위 20% 소득계층의 소득 비중이 증가하면 경제성장률이 낮아지지만, 하위 40% 소득계층의 소득 비중이 증가하면 경제성장률이 높아지는 것으로 나타났다.[4]

재정여력이 양호한 상태에서 재정준칙을 유연하게 적용하는 국가는 재정을 경기대응적으로 운용함으로써 경기 침체의 폭과 기간을 축소할 수 있고 이력효과에 따른 성장잠재력 약화를 최소한으로 줄일 수 있다.[5] 하지만 EU는 재정적자 한도에 대해 통합재정수지를 기준으로 적용하고 경기순환에 따른 한도 변경을 구체적으로 명시하고 있는 데 비해, 재정준칙은 재정적자 한도에 대해 관리재정수지를 기준으로 적용하고 전쟁, 대규모 재난, 경기 침체, 대량실업 등 예외적 상황에 대해 준칙의 적용을 면제하는 방식이어서 다소 경직적이라고 할 수 있다.

재정준칙에 따라 재정이 경직적으로 운용될 경우 경기 침체의 골은 깊어지고 잠재성장률은 더욱 빠르게 하락할 수 있다. 국가채무 비율을 감소시키는 재정정책은 민간 부문의 채무를 증가시키며, 재정의 지속가능성이 위협받을 때에는 타 부문보다 사회복지지출이 먼저 삭감되는 경향이 있다. 재정여력이 양호한 상태에서 재정준칙을 도입하는 것은 오히려 재정의 지속가능성에 부정적으로 작용할 수 있다.

4   강병구, 「불평등 해소를 위한 재정정책」, 학현 변형윤 선생 추모논문집 발간위원회 엮음, 『한국경제, 미래를 설계하다』(한울, 2023).

5   IMF, "The Return to Fiscal Rules," Staff Discussion Notes(2022).

3. 재정의 적극적인 역할 필요

현재 한국경제는 미·중 패권경쟁의 가속화, 보호무역체제로의 전환, 무역적자 증가, 경기 하방 리스크 확대, 저출산·고령화, 인플레이션과 가계부채 증가, 노동시장의 이중구조, 불안한 부동산시장 등 다양한 사회경제적 문제에 직면해 있다. 그리고 양극화와 불평등은 이러한 구조적 문제의 결과이자 한국 사회의 발전을 가로막는 원인으로 작용하고 있다. 처분가능소득으로 측정된 불평등도는 개선되고는 있지만 여전히 OECD 회원국의 평균보다 높은 수준이고, 자산의 불평등도는 확대되는 추세이다. 더욱이 생산인구 감소에 따른 잠재성장률 하락에 대응해 재정의 적극적인 역할이 요구되고 있다.

하지만 정부의 세제개편과 재정운용은 오히려 반대 방향으로 가고 있다. 2022년과 2023년 세법 개정안에서 정부는 63.2조 원에 달하는 세제개편을 추진했고, 그 결과 고소득자와 대기업에 귀속되는 감세액이 서민·중산층과 중소·중견기업에 귀속되는 감세액보다 클 것으로 전망되었다. 실제로 2023년에는 2022년 결산 대비 51.8조 원의 국세가 감소했고, 법인세 23.2조 원, 소득세 12.9조 원, 부가가치세 7.8조 원, 종합부동산세 2.2조 원 등으로 감소폭이 크게 나타났다. 더욱이 2023년 경제성장률 전망치가 하향조정되었음에도 불구하고 예산편성의 기조는 여전히 긴축재정을 유지했고, 2023년 예산불용액이 45.7조 원에 달했다.

세계 경제의 불확실성과 한국경제의 하방 리스크가 확대되는 상황에서 재정준칙을 도입하는 것은 적절하지 않다. 더욱이 재정의 자동안정화장치와 재분배 기능이 취약한 상태에서 사전적으로 정부 지출을 통제하면 경제의 불안정성이 증폭되고 성장잠재력이 약화되어 재정의 지속가능성을 보장할 수 없게 된다. 지금은 대전환기에 부응하는 정책과제를 보다 효과적이고 효율적으로 지원할 수 있도록 재정의 적극적인 역할이 필요한 시점이다. 양호한 재정여력을 활용해 재정의 자동안정화장치를 강화하고 분배와 성장의 선순환체계를 구축하는 데 정책의 우선순위를 두어야 한다.

4. 맺음말

윤석열 정부는 재정의 지속가능성을 명분으로 재정준칙을 도입하려 하고 있다. 하지만 세계 경제의 불확실성이 커지고 한국경제의 성장률 전망이 그다지 밝지 않은 상황에서 재정의 역할을 약화시키는 것은 합리적인 선택이 아니다.

한국은 밀물에 배를 띄웠던 복지선진국들과 달리 썰물에 노를 저어야 하는 어려움에 봉착해 있다. 재정의 자동안정화장치가 취약한 상태에서 재정준칙을 도입하면 경기 침체의 골이 깊어지고 성장잠재력도 떨어져 재정의 지속가능성을 보장하기가 더욱 어려워진다. 지금은 재정여력을 활용해 미래세대와 인내자본에 대한 투자를 확대하고, 누진적 보편증세의 방식으로 세수를 확충해 사회안전망을 촘촘하게 구축해야 할 때이다.

제2부

부동산
부동산 불안정 해소 정책

제4장

—

부동산발 경제 혼란, 반복되지 말아야 한다

임재만

1. 최근 부동산시장 급등과 급락의 배경

최근 부동산시장에는 4대 위기 징후가 있다. 공급 측면에서는 부동산PF 부실위험과 악성 미분양 위험이 있으며,[1] 수요 측면에서는 과도한 가계부채 위험과 전세 위험이 있다.[2] 공급 측면에서 나타난 위험의 원인은 공급이 부족하기 때문이 아니라 재고가 팔리지 않아 건설이 중단되고 이미 준공된 주택이 미분양되었기 때문이다. 수요 측면에서 나타난 위험의 원인

---

[1]   2024년 5월 현재 토지담보대출과 새마을금고 대출 등 유사 PF 대출을 포함하면 PF 대출액은 무려 230조 원에 이르며(금감원, 2024. 5. 13), 2024년 6월 현재 주택 미분양은 7만 4,037호에 달한다(KB부동산 데이터허브).

[2]   2023년 말 현재 가계부채는 총 2,246조 원으로 GDP의 100.5%이다. 한편 2022년 말 가계의 처분가능소득 대비 가계부채 비율은 138.5%, 자산 대비 부채 비율은 51% 수준이다(연합뉴스, 2023. 10. 3).

은 과도한 부채와 소득 정체로 유효수요가 부족하기 때문이다. 다시 말해 수요는 부족한데 공급은 많은 것이다. 수요 부족과 공급 과잉은 모두 금융과 연결되어 있다. 건설 중단과 미분양은 금융기관과 건설사의 부실로 이어진다. 사람들은 과도한 가계부채로 주택을 매수할 여력이 없으며, 일반적인 소비지출도 위축되어 경제 전반의 침체가 야기되고 있다. 또한 주택매매가격과 전세가격 하락으로 주택의 경매도 늘고 있다.

2008년 글로벌 금융위기 이후 미국 주택시장과 선진국 주택시장 사이에 연계성이 증가하고 있다(이우석·한식, 2017). 국내 부동산시장을 살펴보기 위해서는 먼저 주요 선진국의 부동산시장 동향을 살펴봐야 한다. 미국 연준의 통화정책(금리, 통화량)이 글로벌 주택시장의 부담가능성 위기를 초래한 원인이라는 진단이 제시되고 있기 때문이다. 코로나19 팬데믹 시기에 지속된 초저금리와 양적 완화, 코로나19 이후 글로벌 인플레이션 축소를 위한 금리 인상은 주택가격에 큰 영향을 미쳤다(Yiu, 2023). 결국 글로벌 주택시장의 미래는 소수의 중앙은행가의 손에 달려 있으며, 주택시장에서의 부담가능성 제고, 자가보유율 제고, 또는 부의 축적 등을 위해 통화정책을 완화하거나 강화하는 처방은 주택시장의 동학을 왜곡할 수 있다는 점이 확인되었다. 서브프라임 사태 이전부터 저성장, 저물가, 저금리의 뉴 노멀 시대를 맞아 풍부한 유동성과 상대적으로 양호한 수익률을 쫓아 탐색하던 '방랑자 자본주의(vagabond capitalism)'(Katz, 2001)로 인해 "나이아가라 폭포수처럼 부동산 부문으로 자본이 쏟아져 들어"왔다(Downs, 2007).

각국의 정부가 주택시장과 건설시장의 상황에 관심을 갖게 된 것은 아이러니하게도 2008년 서브프라임 사태 이후 글로벌 금융위기를 겪으면서

〈그림 4-1〉 현 부동산시장의 위기 개념도

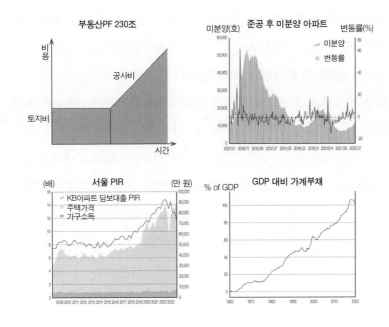

부터이다. 미국정부는 금융혁신이라는 미명하에 금융규제를 완화하고 감독을 받지 않는 그림자금융 부문을 확대해 온 데 대한 반성으로 '도드-프랭크 법'을 제정했고, 이후 금융규제를 강화하면서 거시건전성을 높이는 정책을 강하게 추진해 왔다. 대부분 주요 국가에서는 건설업이 경제에서 차지하는 비중이 상당히 높다. 최달식·이영대(2013)는 2011년 이후 국내 경제 전체에서 차지하는 건설산업의 비중이 감소해 우리나라도 실질건설업 생산총액이 실질국내총생산액에 영향을 미치지 않는 선진국형에 진입했다고 진단한다. 그러나 신도시 위주의 도시 개발에서 도심지 개발로 자본전략을 변경하면서 도심지 토지와 주택의 가격이 급상승했고, 오히려 비

생산적인 부동산 부문이 크게 확대되었다. 한국은행 경제통계시스템에 따르면 건설업과 부동산서비스 부문의 투입산출표에서 최종수요항목별 부가가치유발액의 비중이 2018년에는 GDP 대비 12.2%였으나, 2020년 2분기에는 13.3%로 확대된 것을 알 수 있다.

특히 가계의 자산은 주로 부동산이고 그중에서도 주택의 비중이 높아 개인의 소득 중 상당액이 주택에 집중되어 있으며 주택가격의 변동이 가계생활에 미치는 영향이 점차 지대해지고 있다. 주택 자산은 대부분 주택담보대출을 통해 마련한 것으로 주택가격의 변동이나 원리금 상환 부담은 모두 중앙은행의 거시경제 운용 수단인 금리의 영향을 받는다. 즉, 금리가 오르면 새로운 주택에 대한 수요가 감소해 주택가격이 하락한다. 그러면 차입자의 원리금 상환 부담이 증가해 주택담보대출에 대한 지급불능 확률이 높아지고 소비지출 역시 감소하게 된다. 선진국가에서는 이처럼 가계의 자산에서 주택이 차지하는 비중이 높은 이유를 자가 소유를 통해 노후를 보장하려는 자산기반복지시스템의 한계에서 찾기도 한다.

자가 소유와 풍부한 연금 사이에는 거대한 상충관계가 존재한다(Wind, Dewilde and Doling, 2020). 평생 소득을 적립해 받을 수 있는 연금 규모가 충분하지 않다 보니 자본주의 경제에서 프티 임대소득생활자(petit rentier) 계급이 확대되는 형태로 귀결되는 것이다(Goldstein and Tian, 2020). 신자유주의의 영향으로 경제성장에서 소외된 청년층은 직업과 소득이 불안정한 상태에 몰리게 되었고, 서브프라임 사태 이후 거시건전성 강화로 금융 접근성에 대한 규제가 강화되면서 주택에 대한 부담가능성이 크게 악화되었다. 청년세대는 주택가격 수준에 비해 소득 수준이 현저히 낮고 불안정해서 노년세대가 보유한 주택에 임대료를 내면서 거주하고 내 집 마련은

꿈도 꿀 수 없는 세대, 즉 임대 세대(generation rent)로 전락했다. 결국 금융화 시기를 맞아 자산기반복지 담론과 점유중립성 사이에 큰 모순이 존재하는 시대가 되었다(Fikse and Aalbers, 2021).

전 세계 주택시장이 부담가능성 위기를 맞은 원인에 대해서는 다음과 같이 요약할 수 있다(Lee, Kemp and Reina, 2022).

첫째, 복지국가가 후퇴하면서 시장 중심의 주택시스템이 강화되었기 때문이다. 민간 주택시장이 주택시장을 지배하게 되면서 양적으로나 질적으로 공공지원주택이 감소하고, 부담가능한 주택이 축소하며, 주거접근성이 떨어지고 주거비가 상승하는 등의 주거문제가 불거지기 시작했다. 1980년대 들어서는 시장자유주의가 득세하면서 선진국에서 전통적인 공공주택정책이 위축되었으며, 민간 건축업자와 주거급여 등의 수요자에 대한 지원이 실시되었고(미국), 공공주택의 사유화가 촉진되었다(영국). 2001년부터 2018년 사이에는 OECD 국가에서 공공의 주택개발 투자가 GDP의 0.17%에서 0.06%로 축소되었다.

둘째, 토지, 건축, 기타 개발비용의 상승으로 주택공급이 제약되었기 때문이다. 건축 가능한 토지가 부족해지자 지리적 제약과 토지이용 규제로 인해 주택공급 탄력성이 낮아졌다.

셋째, 인구 증가, 가구 형성 등 인구 이동의 영향 때문이다. 베이비 붐 세대가 주택시장에 들어온 1970년대 이후 사람들의 수명이 늘었고 주택을 다운사이징하기보다 계속 같은 장소에서 살기를 선호하면서 세대에 의한 주택시장 거품이 발생했다. 또한 최근 젊은 1인 가구의 증가는 주택 임차 수요 확대로 이어져 임대가격이 상승했다.

넷째, 소득과 불평등이 확대되었기 때문이다. 자가를 보유하고 있는 중

고소득층은 임대료와 집값의 상승으로 부를 더욱 축적하는 반면, 임대주택에 머무는 중저소득층은 소득은 정체되었는데 임대료는 점차 상승함에 따라 실질적으로 더욱 가난해지고 있다.

다섯째, 금융규제 완화와 초저금리의 장기화로 주택이 금융화의 주요 대상이 되었고, 양질의 담보물과 국부의 주요 원천으로서 주택이 국가경제에서 차지하는 비중이 확대된 결과 주택 수요가 증가하고 가격이 팽창했기 때문이다. 주요한 자본 축적이 제조업 중심의 생산 부문에서 금융과 토지 부문으로 이동함에 따라 주택을 투자 또는 투기의 기회로 인식하는 사람들이 늘어났다.

우리나라 주택시장도 지금까지 살펴본 글로벌 주택시장의 동향과 그 영향에서 자유롭지 않다. 그럼에도 글로벌 주택시장과 다른 고유의 제도가 주택시장을 분석하기 어렵게 만들며 정부의 개입에 따른 효과를 왜곡한다. 여기서는 수도권의 과밀 집중화, 집값 상승은 부채질하지만 집값 하락은 저지하는 사금융 성격의 전세제도, 주택을 투기 상품화하는 도시(주택)정비사업을 중심으로 살펴본다.

1) 수도권 과밀화

먼저 주택시장을 왜곡하는 가장 크고 근본적인 원인으로는 주택이 수도권, 특히 서울에 집중해 과밀하게 발전하고 있는 양상을 지목할 수 있다. 2020년 수도권의 장래추계인구에 따르면 전 인구의 50.1%가 수도권에 몰려 살 것으로 예상된다. 2020년 현재 50대 기업의 92%가 수도권이 입지해 있고, 1,000대 기업은 73.6%가 수도권에 몰려 있다. 그로 인해 신용카드 사용액의 81%가 수도권에서 발생하고 있으며, 제조업 부가가치의 연평균 성장률(2011~2016년)도 큰 격차를 보인다(수도권 5.0%, 비수도권 2.3%). 인구가 몰리고 일자리와 문화, 의료가 집중되면서 수도권의 집값은 계속 오르기만 한다. 여기에 양호한 교육환경까지 서울 지역에 몰리면서 수도권 집중이 가속화되고 있다. 한국은행 역시 입시경쟁 과열로 사교육 부담, 교육 기회 불평등 심화, 사회 역동성 저하, 저출산 및 수도권 인구집중, 학생의 정서적 불안과 낮은 교육성과 등 구조적 사회문제가 유발되고 있다고 진단한다(정종우·이동원·김혜진, 2024).

2) 전세제도

한국에만 있는 전세제도는 임대료 형태가 아닌 레버리지 수단으로 진화했기 때문에 임차인을 매개로 한 주택 금융화의 특수한 형태로 이해해야 한다. 전세가를 단순히 임대료가 변형된 형태로만 본다면 전세가와 매매가 사이에 시장금리를 매개로 한 장기적인 균형이 존재해야 한다. 주택의 유형과 지역에 따라 매매시장과 전세시장 간의 관계가 조금씩 다르지만 일반적으로 두 시장은 상관관계가 매우 강하다. 매매가격이 오르면 뒤이어 전세가격이 오른다. 이른바 전세대란이 발생하는 것이다. 매매가격과 전세가격 간의 차이가 줄어들면 다시 매매가격이 오른다. 상승국면에서는 매매가격과 전세가격이 되먹임 관계를 갖는다. 반대로 하락국면에서는 매매수요가 전세수요로 머물게 되어 집값이 하락해도 전세값은 하락하지 않는다. 그러면 다시 매매가격과 전세가격 간 차이가 줄어들고, 투기적 매매수요가 살아나기도 한다. 이때 매매가격이 더 하락하면 깡통·전세 문제가 발생하고, 이어 전세가격까지 하락하면 역전세 문제까지 발생한다.

전세시장을 안정시키기 위해서는 다주택자의 재고주택을 관리해야 한다. 전세로 임대하는 다주택자는 사실상 시세차익을 노린 투기자이므로 포퓰리즘에 매몰된 정부는 다주택자를 규제하려는 유혹에 쉽게 빠진다. 그러나 다주택자에 대한 규제를 강화하면 매매시장을 안정시키기 어려울 뿐만 아니라 전세시장 안정도 도모할 수 없게 된다. 또한 전세보증금이 다주택자의 갭투기 자금으로 활용된다. 정부가 대출규제를 강화하면 실수요자의 금융접근성은 제한되지만, 다주택자는 전세로 자금을 조달할 수 있기 때문에 금융규제를 회피할 수 있다. 이렇게 전세수요가 확대되는 것은 전세가격이 상승하는 원인이 된다. 여기에 정부가 나서서 개인 간 거래를 섣부르게 제도화하면 상황이 더욱 악화되기 마련이다.

우리나라의 전세대출과 보증제도를 보면 주택도시보증공사는 사실상 집값의 100%까지 전세보증금의 반환을 보증하며, 금융기관은 보증금의 90%까지 대출해 준다. 이 과정에서 실질적 차주인 임대사업자의 재정상태나 주택가격 등을 고려하지 않으며, 이러한 대출을 형식적 차주인 임차인에 대한 신용대출로 보고 DSR을 적용하지도 않는다. 이러한 전세대출은 임차인에 대한 과잉대출이며, 전세대출을 포함한 보증금만으로도 임대사업을 영위할 수 있는 소자본 또는 무자본 갭투기를 조장하는 약탈적 대출에 해당한다. 전세대출을 받은 임차인은 은행에 대한 채무자인 동시에 임대인에 대한 채권자로, 임대인의 신용과 집값에 종속되었다는 점에서 지위가 매우 불안정하다(임대차계약 만기 시에 새로운 임차인을 구하지 못하는 등의 사유로 임대인이 보증금반환을 미루거나 집값이 하락해 깡통전세 상태가 되면 임대인은 전략적 디폴트를 선언하게 된다).

한편 민간임대주택등록제도는 임대사업자가 임대주택을 보유하고 임대하는 동안 현금흐름이 전혀 발생하지 않는 전세 위주의 임대사업자에게도 막대한 세제 혜택을 부여해 갭투기자를 양산하는 데 기여했다. 수백 채를 전세로 임대할 경우 임차인의 보증금반환이 일시에 몰리면 보증금 미반환 리스크가 확대되는 매우 위험한 사업유형임에도 보증금 미반환 리스크에 대응할 수 있는 아무런 조치가 없다.

3) 도시 정비사업

다음으로는 투기적 민간 개발사업으로 변질되어 주택을 상품화하고 주택 거주자를 투기자로 만드는 재개발, 재건축 등의 정비사업에 대해 알아보자. 재개발사업은 낙후된 주거지를 양호한 주거지로 개발하는 긍정적인 측면이 있는 한편, 서민이 거주하고 전통적인 네트워크가 살아 있는 저렴한 주거지를 멸실하는 부정적인 측면도 동시에 지닌 사업이다. 기존의 인프라가 양호할 경우 이루어지는 재건축사업 역시 열악한 주거환경을 개선하는 효과가 있으나, 반달리즘을 유발하는 자원의 낭비, 과도한 용적률 인센티브 등으로 인해 재건축 초과이익은 발생하지만 공공환수는 미흡하다. 특히 재개발, 재건축사업은 토지를 소유하고 있는 지주의 이익을 극대화하는 모형으로 추진되고 있어 사업 과정에서 다양한 이해당사자 간 갈등과 분쟁이 발생하기 때문에 사회적 비용이 매우 큰 구조로 이루어져 있다.

재개발사업은 도시 및 생활 인프라가 낙후된 지역에서 인프라 구축을 기본으로 주거환경을 개선하기 위한 사업이다. 따라서 민간의 이익을 극대화하는 개발 모델을 지역사회에 대한 사회계획을 담은 공익적인 재개발 모델로 전환해야 한다. 재건축사업은 주민이 자발적으로 시행하되 도시 및 주거계획에 따라 추진해야 하며, 주민이 현물로 출자하는 조합방식보다 재건축 대상 주택을 매각 또는 신탁하는 방식으로 추진해야 한다.

2. 정부 부동산 정책의 문제점

주택정책 당국은 부동산시장 활성화 대책과 안정화 대책을 반복한다. 그 내용은 늘 동일하다. 대표적으로 문재인 정부의 부동산 대책에 대해서만 간략하게 살펴보자. 문재인 정부의 부동산 정책은 한마디로 증상에 대한 대책만 있고, 시장을 근본적으로 개혁하려는 정책은 없었다고 평가할 수 있다. 이후 윤석열 정부의 부동산 대책은 그야말로 문재인 정부 이전으로 복귀한 것이라고 할 수 있다. 집값 상승을 억제하기 위해서는 공급은 확대하고 수요는 억제해야 한다. 문제는 주택공급에는 시간이 오래 걸리지만 수요는 정책에 즉시 반응하기 때문에 주택가격 상승기에는 수요억제정책을 선호하게 된다는 것이다.

문재인 정부는 주택시장 안정화를 위해 여러 차례 대책을 발표했으나, 6·17 대책, 7·10 대책, 8·4 대책 이후에야 다소간 진정되는 모습을 일시적으로 보였을 뿐, 대책을 발표하고 나면 몇 개월 지나지 않아서 집값과 전세값이 다시 상승하는 추세를 보였다. 보유세를 강화해 부동산 수익률을 낮춰야 한다는 비판에 대해서는 고가주택과 다주택자에 대한 종합부동산세를 강화하는 정치적 세제 개편을 단행하는 데 그쳤을 뿐이다. 그마저도 집값이 계속 상승하면서 세제 강화가 오히려 집값 상승의 원인이며 고가주택과 다주택자에 대한 징벌적 조세라는 비판에 직면하자 전반적으로 세제를 완화하는 조치를 취하기까지 했다.

다주택자 양도세 중과와 다주택자의 민간임대주택 등록으로 매물 잠김효과가 일어났으며, 서민이 많이 거주하는 6억 원 이하 중·저가격 주택 중심으로 다주택자가 신규로 양산되면서 주택가격 상승이 부추겨지기도 했다(신규 등록된 주택의 수를 보면 2017년 5.7만 호, 2018년 38.2만 호, 2019년 14.6만 호였으나, 2019년 말 총 150.8만 호, 2020년 1분기 156.9만 호로 급증했다. 이후 감소한 것으로 알려졌으나 자료는 공개되지 않고 있다).

한편으로는 시장주의자들의 공급부족론에 적극적으로 대응하지 못하고 공급이 충분하다거나 재건축 등의 신규 공급이 가격을 부추길 수 있다는 우려만 제기하면서 신규 공급 확대에 소홀하다가 결국에는 3기 신도시 개발사업을 발표하기에 이르렀다(2000년대 평균 대비 2010년대 입주 물량을 보면 수도권 아파트는 17% 감소하고 서울 아파트는 45% 감소한 것으로 나타났고, 아파트 외의 주택은 공급이 증가한 것으로 나타났다). 하지만 이 공급 대책도 그린벨트를 풀어 '로또'가 되는 민간 분양을 늘리고, 재건축 등의 투기 수요를 자극하고, 불로소득의 사유화를 용인하는 등의 문제를 안고 있다. 따라서 공급이 시장을 안정시키는 요인이 아니라 불안 요인으로 작용할 가능성이 크다.

문재인 정부는 주택담보대출을 억제하면서도 전세자금 대출을 확대해 전세대출자금으로 주택을 구입할 수 있도록 했고 전세 수요를 자극해 갭투기를 용이하게 만들었다. 한편 인터넷은행 출범과 P2P 업체 증가로 신용대출이 급격히 증대하자 대출자금이 주택시장에서 매수자금으로 활용되고 있다(2022년 말 추정 전세보증금은 1,058. 3조 원인데, 이를 포함한 총가계 부채는 2,925. 3조 원이다. 한편 2022년 기준 GDP 대비 가계부채 비율은 108. 1% 이고, 기업부채를 포함한 민간부채는 GDP 대비 281. 7%이다).

문재인 정부 당시의 지속적인 집값 상승과 계속되는 정부 정책에 대한 실망감으로 젊은 세대까지 전세를 끼고서라도 집을 사겠다고 나서게 되었다. 이들은 부동산을 통한 불로소득이 노동소득을 훨씬 넘어서는 현실을 목전에서 보면서 단타 갭투기로 불로소득을 추구하는 것을 당연하게 여기게 되었다. 결국 엉성한 수요억제정책과 정책 간 목표의 상충으로 집값과 전세값이 지속적으로 상승했다. 한마디로 시장만능주의와 과도한 규제 완화, 과도한 시장 의존, 미국형 주주자본주의가 주택 문제를 야기했음에도 불구하고(이정우, 2009), 정부의 주택정책은 주택시장의 구조를 개혁하기보다 가격안정에만 몰두(핀셋 규제)하는 근시안적이고 대중적·포퓰리즘적인 대책에 머물렀다. 정부는 기재부, 국토부 등 관료들의 반대와 정치적 표 계산에 밀려 정책 의도와 달리 주택 소유자가 다수인 주택 매매시장에 미치는 영향이 매우 미약한 정책 수단을 선택했다고 볼 수 있다(Wallace, 2019).

3. 부동산 불로소득 환수와 주택의 탈상품화를 통한 주거권 실현 방안

조시 라이언-콜린스(Josh Ryan-Collins, 2019)는 주택-금융 순환주기에서 나타나는 대출 확대와 주택가격 상승이라는 악순환을 저지하기 위해서는 주택의 탈금융화, 탈상품화, 비시장화가 필요하다고 역설한다. 그에 따르면 일반경제의 성과는 주택가격에 연동되며, 주택의 자산효과(주택가격과 가계소비 사이의 정의 상관관계)로 인해 주택가격 변동성은 일반경제로 전이된다. 주택가격을 낮추기 위해 압력을 가하는 정책은 금융 불안정이나 경기 후퇴를 초래할 수 있기 때문에 결국 이러한 연결고리를 끊어야 주택시장 안정화가 가능하다는 것이다.

이를 위해 가장 중요한 것은 주택의 탈금융화를 위한 금융시장 개혁이다. 먼저 부동산담보대출을 억제하기 위해 전 금융권을 대상으로 DSR 규제를 실시해 금융소비자를 보호해야 한다. 금융권이 기업대출보다 주택담보대출을 선호하는 행위를 축소하기 위해서는 자기자본 규제를 개선하거나 부동산 담보를 잡기보다 비금융 산업과 장기적인 관계를 구축함으로써 위험회피 전략을 추구하도록 유인할 필요가 있다. 여기서 한발 더 나아가 미국, 영국에서 실시되는 형태와 같은 주주 금융 시스템을 독일, 스위스, 오스트리아에서 실시되는 형태와 같은 이해관계자 금융 시스템으로 전환해야 한다(Prieg and Greenham, 2012).

무엇보다도 토지시장을 개혁해야 한다. 토지에서 발생하는 불로소득을 환수하기 위해 부동산 세제를 토지 중심의 세제로 개편해야 한다. 소득세를 줄이고 토지세를 늘여야 하는 것이다. 노력소득에 과세하기보다 비노력소득에 과세하는 것이 정의에 부합할 뿐만 아니라 경제 유인에도 부합한다. 공공이 보유한 토지를 민간에 매각하는 방식 대신 공공이 보유하면서 임대하는 공공토지임대제(public land leasehold)를 확대하는 한편, 공공임대주택의 공급을 확대해 주택시장의 안정을 꾀해야 한다. 또한 공공주택의 공급주체를 공공 일변도에서 벗어나 다양한 모델을 구축할 필요가 있다. 즉, 주택협동조합, 사회적 경제주체, 비영리조직 등 영리기업 외의 다양한 주체를 주택시장에 참여시킬 수 있다. 그러면 입주자의 부담가능성을 공공이 지원하는 주택의 공급을 늘릴 수 있다.

주택가격이 상승하는 원인은 거의 전적으로 사람들이 살기 원하고 일하기 원하는 곳의 토지가격이 상승하기 때문이다. 주택 건축비용은 물가상승률 정도로만 인상될 뿐이다(물론 최근의 공사비 상승은 역사상 예외적이다). 정부는 대부분 시장의 힘을 왜곡하는 생산, 거래, 투자와 기업에 과세함으로써 세금을 거두고 있는데, 시장의 힘을 왜곡하지 않는 유일한 조세로 인식되는 토지에 대해서는 과세를 회피하고 있다. 토지세를 부과하는 한편으로 취득세, 건물재산세 등 다른 부동산세와 소득세와 법인세 등 다른 생산활동에 부과하는 세금은 완화하는 종합적인 세제개편이 필요하다. 토지세를 부과하면 주택가격은 점점 더 부담가능해지고 신규 주택 건설을 위해 토지를 취득하는 비용도 낮아질 것이며(Yang, 2018), 주택건설도 확대될 것이다(Murray and Hermans, 2019).

토지세는 극심한 자산불평등 해소를 위해서라도 단일 비례세율을 적용하기보다 개인별 보유재산가액에 비례하는 누진적 차등과세를 적용해야한다(차등과세 구간은 직접 가액으로 정하는 대신 중위가액의 배수로 정해 구간설정에 따른 정치적 부담을 해소해야 한다). 토마 피케티(Thomas Piketty, 2021)는 누진소유세수는 청년 자본지원의 재원으로 활용하고 누진소득세는 기본소득과 생태주의 사회국가의 재원으로 활용할 것을 제안한다.

토지세는 토지가치에 과세하는 것이 아니라 토지의 지대에 과세하는 것을 의미한다. 따라서 토지지대에 대한 과세로 토지가치가 하락하더라도 토지의 입지에 대한 경쟁이 존재한다면 지대가 발생하기 때문에 토지세로 토지과세 기반이 사라진다는 비판은 온당하지 않다. 토지세에 대한 최근

<표 4-1> 토지보유세제의 유형

유형	의의	장점	단점	사례
나지 상정 토지 기준	- 건물 비과세 - 토지만 최유효이용을 전제로 하여 나지 상정 가치를 기준으로 과세	- 토지가 지닌 물리적 속성의 영속성으로 인해 행정비용이 낮음 - 조세전가가 어려우며, 누진 과세가 용이함 - 비도시 토지에 적용하기 용이함	- 도시지역의 토지는 평가하기 어려움 - 높은 세율 부과에 따른 정치적 부담 - 전체 가치를 기준으로 하는 취득세, 양도소득세와 부합하지 않음	호주, 뉴질랜드
건물 기준	- 토지 비과세 - 건물만 과세	- 정치적·문화적 이유로 토지과세가 불가능한 경우에 적합함 - 토지개발이 활발한 경우에 적합함	- 토지 평가에 비해 건물 평가는 더 복잡하고 시간과 비용이 많이 소요됨	가나, 탄자니아 (토지 국유)
토지 건물 분리 기준	- 토지와 건물 가치를 독립적으로 평가하고 분리 과세	- 과세 대상 확대 가능 - 전체적으로 낮은 명목의 세율로 부과 가능	- 평가에 많은 비용이 소요됨 - 토지와 건물에 대해 신뢰할 수 있고 방어 가능한 가치 결정이 필요함	미국 일부, 남아공, 나미비아, 에스와티니
토지 건물 일체 기준	- 토지와 건물을 일체로 평가하고 전체 가치를 기준으로 과세	- 취득세, 양도소득세 체계와 부합함 - 기반시설의 편익에 대응	- 평가가 정확한 자료에 의존하지만, 정확한 자료 구축이 어려움 - 제도 집행과 유지에 상당한 비용이 소요됨	대부분의 국가

자료: Franzsen and McCluskey(2012)를 기반으로 필자가 정리.

의 버전은 토지건물 분리과세로 토지세율을 건물세율보다 높게 유지하는 것이다. 토지건물 분리과세를 위해서는 토지가치와 건물가치를 분리해서 평가해야 한다. 우리나라는 이미 이러한 과세기반이 잘 갖춰져 있으므로 별도의 행정 인프라가 필요하지 않다. 다만 과표 현실화 수준이 낮으므로 지역별, 유형별, 가격대별 불형평성 문제는 해소해야 한다.

그간 우리나라는 정부가 직접 토지를 개발해 임대주택을 공급하거나 토지를 민간에 매각해 주택을 공급해 왔다. 문제는 저렴한 주택공급이라는 공익사업을 목적으로 민간 토지를 사실상 강제 수용해 공공택지를 조성한 뒤 이를 다시 민간에 매각하거나 공공택지에 주택 등을 건설해 민간에 매각하는 방식은 공익사업이라는 정당성에 부합하지 않다는 것이다. 공공토지임대제란 공공택지를 가급적 민간에 매각하지 않고 공공이 보유하면서 토지 위에 건물을 지어 건물만 소유하거나 건물을 임대하는 것을 말하는데, 우리나라도 신속히 공공토지임대제를 도입해야 한다.

공공토지임대제를 운영하는 방식은 다음과 같다. 공공택지를 조성하기 위한 재원은 정부 또는 한국은행이 채권을 발행해서 조달하고 토지 임대료로 채권의 원리금을 상환하는 선순환 금융구조를 제도화한다. 조성한 공공택지는 모두 공공토지임대제 토지로 지정하고 토지주택은행에 매각한다. 토지주택은행은 민간에 매각하는 일부 토지를 제외한 나머지 토지를 보유하면서 공공임대주택을 건설하거나 민간 또는 공공에 임대해 운영한다. 토지 임차인은 해당 토지 위에 주택, 상업용 시설, 산업용 시설 등을 활용해 얻은 수익을 토지임차료로 토지주택은행에 지급한다. 토지주택은행은 부실채권(NPL), 공매, 경매시장에 참여해 민간의 주택을 지속적으로 매입해 비축한다. 특히 경제위기 시 매입형 공적 주택을 확보해 원거주민(자가, 임차)의 주거안정을 도모할 수 있다. 이를 위해 세금 체납이나 대출 상환 불능으로 발생한 부동산 담보 부실채권과 공매나 경매 처분될 부동산(압류 부동산, 체납 부동산, 주택연금 해지 부동산, 전세보증금반환보증 구상권 청구 부동산, 빈집)을 공공과 사회적 경제주체, 비영리조직이 먼저 매입할 수 있도록 이들에게 우선매입권을 부여한다(Bratt, 2017). [3]

---

3   뉴욕에서는 압류 위험에 처한 가계가 시 정부에 해당 주택에 대한 매수청구권을 행사할 수 있으며, 시 정부는 우선매수권을 행사해 매입한 주택을 공공주택으로 활용한다. 샌프란시스코는 민간이 소유하고 있는 임대료 규제 주택(5~25세대)을 매입해 공동체토지신탁(community land trust, 지역공동체가 토지를 보유하고 건물만 분양하되 재판매조건을 부과해 시세 차익을 건물 소유주와 공동체가 공유하는 방식)으로 전환하는 스몰 사이츠 프로그램(Small Sites

한편 민간주택임대시장에서는 전세의 위험을 축소해야 한다. 이를 위해서는 전세 비중을 줄이고 월세 비중을 높일 수 있는 정책조합을 갖춰야 한다. 즉, 전세우대 정책을 월세우대 정책으로 전환해야 한다. 지금의 임대소득세제는 월세에 비해 전세가 임대인에게 더 이득인데(전세로 간주되는 임대료는 보증금에 정기예금 이자율을 적용해서 계산한다) 전세 임대료를 지역의 전월세전환율을 적용해서 산출하는 방식으로 제도를 개편해서 전세와 월세의 중립성을 확보해야 한다. 한편, 월세 소득공제를 확대함으로써 전세에 비해 월세의 실질 주거비 부담이 높은 상황을 완화해야 한다(소득공제 혜택을 받지 못하는 자영업자 등에게는 이에 상응하는 소비쿠폰을 지급한다).

한편 전세값을 집값의 일정 비율로 제한해 집값이 하락하더라도 깡통전세가 되지 않도록 일정한 갭을 유지해야 한다(직접적으로는 전세가비율 상한제를 시행하는 방안이 있고, 간접적으로는 보증금반환보증 비율을 60~70% 이내로 제한하는 방안이 있다). 전세대출은 임차인을 매개로 실질적인 다주택자에게 대출을 실시하는 것이므로 전세대출을 점진적으로 축소하거나 폐지해 나가되, 전세대출의 원금에 대한 상환의무는 임대인에게, 이자에 대한 상환의무는 임차인에게 각각 부여해야 한다. 그러면 전세대출은 실질적으로 다주택자에 대한 직접 대출로 전환될 것이다(금융기관 대출을 선순위, 임대보증금을 후순위로 정하되 보증금반환보증을 의무화하고, 주택가격-선순위채권 내에서 보증금 미반환 위험을 관리해야 한다).

또한 민간임대주택등록 의무화를 통해 임대주택은 물론 임대사업자에 대해서도 관리 감독을 강화함으로써 임대주택의 품질 유지, 임대사업자의

Program)을 운영한다.

신용과 재정상태 관리로 무분별한 갭투기를 방지해야 한다. 주택임대시장에서 세입자의 주거안정을 확보하기 위해서는 '주택임대차보호법'을 전면적으로 개편해 무기 임대차계약기간 계약, 임대료 인상률 상한제, 초기 임대료 규제를 위한 공정임대료, 임대주택 재고 축소 방지를 위한 신축 임대주택공급 활성화, 재고 임대주택 철거 또는 용도 전환 제한 등을 실시해야 한다.[4]

무엇보다 민간 전세는 시세차익을 노린 투기 수요를 전제로 한다는 점에서 민간 전세를 공적 전세로 대체해야 한다.[5] 이는 곧 월세와 자가의 중간 주거사다리를 전세 외의 다양한 유형의 점유 형태로 대체하는 것이다. 토지임대부 임대주택(보증금이 건축비 수준이고, 토지임대료는 월세로 간주하는 형태), 지분공유형 환매조건부 주택(분양가격이 전세금 수준이고, 시세대로 매각해서 얻은 시세차익을 공공과 공유하며, 공공의 시세차익만큼 다시 저렴한 가격으로 재분양하는 형태) 등은 전세를 대체할 수 있는 대안적인 주택공급모델이다.

재개발과 재건축 정비사업은 용적률 추가로 확보한 일반 분양분의 규모와 분양가, 사업비가 수익성과 조합원 분담금을 좌우하는데, 사업이 진행되면서 미래 기대가치의 불확실성이 해소되어 지속적으로 땅값이 상승하기 때문에 도심지 주택가격 상승과 분담금이 부담스러운 원주민의 젠트리

---

4 미국의 '임차인구매기회법(Tenant Opportunity to Purchase Act: TOPA)'에 따르면 기존 임대주택 소유자가 해당 주택을 다른 사람에게 매각할 경우 반드시 사전에 해당 임대주택 거주자에게 고지해야 하고, 해당 임차인이 해당 주택을 매수하기로 결의하면 정부는 주택조합 결성과 자본조달을 지원해야 한다. 이 법은 뉴욕, 워싱턴 D.C., 샌프란시스코 등에서 시행 중이다.
5 봉인식·이용환·최혜진(2018)은 민간이 참여해서 공급하는 저렴한 임대주택과 공공임대주택을 포괄할 수 있는 새로운 명칭으로 '공익적 임대주택'을 제시했다.

피케이션을 유발한다. 따라서 서민 주거 안정을 훼손하는 주된 원인이 된다. 현재의 정비사업은 원칙적으로 공공이 시행주체가 되어 추진하는 사업임에도 실제는 조합이 시행주체인 경우가 대부분이다. 조합은 사업에 소요되는 비용을 조달할 능력이 없으므로 건설업체가 향후 시공권을 확보하고 그 대가로 자금을 지원한다. 사업을 추진하는 과정에서 사업에 동의하지 않는 가구는 기본권에 제한이 발생한다. 이러한 점에서 정비사업은 순수한 민간의 사적 자치사업이 아니며, 실제적인 목적에서 공공성을 담보하지 못하고 있다(이명훈 외, 2009). 정비사업은 가용토지가 부족한 도심지에 중요한 주택공급 수단이라는 점에서 공익적 차원에서 주택공급을 조절하기 위해 정비사업에 대한 공공 규제의 정당성을 인정할 수 있다(임윤수·최완호, 2009). 정비사업은 헌법상 보장된 국민의 재산권 행사, 주민의 쾌적한 주거환경권, 국토의 효율적·균형적 이용, 인근 주민의 일조권 및 조망권을 포함한 환경권 등에 커다란 영향을 끼치므로 헌법적 차원에서도 공공성을 인정할 수 있다(나병진, 2010). 같은 논리로 정비사업은 해당 지역에 지하철 등 공공 편익시설을 집중시키고, 용적률 혜택을 부여하며, 일반 사유지의 공용수용 사업을 적용하고 형평성을 고려함으로써 공익적 성격을 강화할 필요가 있다(김용창, 2021). 결국 용적률 인센티브 제공은 수익적 재량행위에 해당하므로 여기서 발생한 개발이익을 공공이 환수하는 것은 논리적으로 자연스럽다(임윤수·김웅, 2018). 정비사업 결의에 만장일치가 아닌 다수결의 원칙을 적용할 수 있도록 허용한 것, 그리고 조합에게 정비사업 불참자에 대한 매도청구권을 인정하고 정비사업 불참자에게 조합에 대한 매수청구권을 인정한 것은 정비사업의 공공성에서 비롯된 것이라는 주장도 있다(Easthope, 2019).

기존 조합방식의 정비사업은 시간과 비용, 분쟁과 갈등 차원에서 매우 비효율적임이 드러났다. 사업의 각 단계에서는 조합집행부와 비대위, 지자체, 조합원, 시공사, 상가소유자, 세입자, 시민단체, 지역주민 등의 이해관계자 사이에 갈등이 빈번하게 발생한다(이상경·신우진·정창무, 2001; 이슬기·권해림·유정호, 2009). 서울시 주택재개발의 평균 사업기간은 1970년대 17년 5개월, 1980년대 9년 4개월, 1990년대 7년 6개월, 2000년대 5년 11개월로 점차 단축되어 오긴 했지만 여전히 상당히 긴 기간이 소요된다(이도길·김창석·김진, 2010). 서울시 재건축사업장의 평균 사업기간(정비계획 수립 → 정비구역 지정까지 단계를 제외한 추진위 구성 → 청산 및 해산)은 9년 4개월로 나타났으며(이정복, 2005), 서울시 재건축, 재개발 사업장의 사업기간은 구역 지정 이후 준공까지 평균 10.6년 소요되는 것으로 조사되었다(≪서울파이낸스≫, 2012.9.4).[6]

민간주도의 조합방식(시간과 비용이 많이 들고 분쟁과 비리가 만연한 방식)과 불로소득 극대화에 기초한 사업방식을 공공성을 확보할 수 있도록 사회계획과 생태계획을 포함해 통합계획적 요소를 고려하는 도시재생사업으로 개편하고(예: 독일), 공공이 주도해(예: 홍콩), 원소유자의 주택과 토지를 일괄 매각하는 방식으로 매입(예: 싱가포르)하면 시간과 분쟁을 줄일 수 있다. 그러면 공공의 개발이익을 환수하거나 활용하는 것도 가능해진다.

우리나라 주택정책은 그동안 강한 국가 개입과 높은 가족역할을 특징으

---

6   현재 서울시는 정비계획 수립단계에서 공공이 가이드라인을 제시하고 계획수립기간과 심의기간을 통합한 신속통합기획(구 공공기획)을 통해 사업기간을 크게 단축시킬 수 있다고 홍보하고 있다. 하지만 많은 시간과 비용이 수반되는 구조적 문제를 해결하지 않고서는 다양한 이해관계를 가진 주민들을 통합할 수 없기 때문에 전체 사업을 신속하게 추진할 수 없을 것이다.

로 하는 동아시아 발전주의적 특징을 보여왔다(이석희·김수현, 2014). 또한 외환위기 이후 저축 중심의 자산 형성 메커니즘이 부채 중심으로 작동하면서 가계부채가 급격히 증가해 자산 기반 복지에 대한 의존성이 강화되고 있고, 자가 소유자 사회로 전환하고 있다(김도균, 2018). 그럼에도 자가 보유율은 60%를 겨우 넘는 데 그쳐 임차가구가 전체 가구의 40% 수준에 달하고 있다. 주거취약계층의 주거 안정을 위한 공공임대주택은 공공택지의 조성과 주택도시기금의 지원 등에도 불구하고 전체 주택 재고의 8% 수준에 머물고 있다. 약 880만 가구인 임차가구 중 공공임대주택에 거주하는 가구는 110만 가구, 등록민간임대주택에 거주하는 가구는 150만 가구뿐이어서 '주택임대차보호법'이 개정되었음에도 임차인보호가 취약한 민간임대주택에 여전히 610만 가구가 거주하고 있다(2022년 기준).

시장주의 또는 규제주의 기반의 포퓰리즘적 주택정책에서 탈피하고 지속가능한 주택정책 철학과 원칙에 기초한 주택정책을 수립·집행하기 위해서는 정부조직을 개편해야 한다. 잔여적 주택복지정책에서 벗어나 보편적 주거복지정책을 수립하고 보편적 주거복지전달체계를 구축해야 한다. 정부예산 중 주택 관련 예산 규모는 미미한데, 그마저도 대부분 일반회계 예산이 아닌 부채성 재원조달 비중이 높은 주택도시기금 재원이다.

4. 결론

생산적 자본주의가 비생산적 불로소득 자본주의로 전환되면서 경제위기가 촉발되었는데, 이 같은 경제위기는 주택-금융의 연결된 순환주기에서 발생한다. 이 과정에서 주택-금융의 거품이 형성되고 붕괴되는 것은 필연적으로 나타나는 현상이다. 이로 인해 고통을 겪는 것은 가장 취약한 계층이다. 거품 형성과 붕괴가 진행되면 소득과 자산의 불평등이 더욱 심화된다. 이 연결고리를 끊겠다고 주택시장에서만 개혁을 추진하는 것은 미시적이고 근시안적인 대책일 뿐 사실상 아무런 개혁도 이룰 수 없다는 것을 우리는 지금까지 보아왔다. 주택의 부담가능성 문제는 PIR=주택가격/소득 비율이 높다는 데 있다. 해결책은 집값은 하향 안정시키고 소득은 성장시키는 것이다. 불안정한 일자리가 늘고 있는 상황이므로 집값을 안정시키기도 어렵지만 설사 집값을 안정시킨다고 하더라도 부담가능성 위기를 해소하기가 어렵다. 결국 주택의 부담가능성 문제를 해결하려면 전 사회의 전 분야에서 관련된 모든 문제를 해결해야 한다.

무엇보다 부동산에서 발생하는 불로소득을 사유화할 수 있으면 토지와 주택의 가격이 안정될 수 없다. 주택 문제의 핵심도 결국 토지 문제이다. 따라서 토지공개념 사상에 입각해서 토지와 주택을 바라보는 원칙을 정립하고 이를 구현할 수 있는 정책을 세워야 한다. 부동산에서 발생하는 불로소득을 철저하게 환수하고 이를 전 국민이 공유하는 경제시스템을 구축함으로써 토지 불로소득보다 노동소득과 사업소득이 존중받는 사회로 재설계해야 한다. 이처럼 토지와 주택의 공공성을 확보한 뒤에 안정적이고 질 좋은 일자리를 확충한다면 모든 사회 구성원의 주거권이 보장되는 사회를 구현할 수 있을 것이다.

앞에서 언급한 청약에 기초한 주택분양제도, 전세제도, 그리고 민간 조합 주도의 정비사업제도는 모두 투기 심리를 자극하고 활용하는 제도로, 주택가격의 변동성을 확대한다는 비판을 받고 있다. 한편 이 글에서 제안

〈그림 4-2〉 자본주의 사회와 토지 불로소득 공유 사회의 구성방식 비교

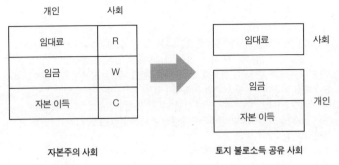

자료: Adams(2015: 142).

한 내용은 이러한 주택-금융 순환주기의 연결고리를 끊고 시장 안정을 도
모할 수 있는 제도라 할 수 있다.

참고문헌

금감원. 2024.5.13. [보도자료] 「부동산PF의 "질서 있는 연착륙"을 위한 향후 정책 방향」.

김도균. 2018. 『한국 복지자본주의의 역사』. Seoul National University Press.

김용창. 2021. 「부동산 자산불평등 완화와 공정사회를 위한 부동산정책 방향」. 불평등 해소를 위한 부동산정책 개선방안 토론회. 서울연구원·민주연구원·정의정책연구소.

나병진. 2020. 「집합건물재건축의 공공성에 관한 연구」. ≪집합건물법학≫, 5, 1~24쪽.

봉인식·이용환·최혜진. 2018. 「공익적 임대주택 공급 확대를 위한 민간의 역할에 관한 연구」. ≪정책연구≫, 1~128쪽.

≪서울파이낸스≫. 2012.9.4. "서울 재건축·재개발 소요기간 평균 '10년 6개월'".

연합뉴스. 2023.10.3. "한국, GDP 대비 가계부채 5년간 92 → 108% … 26개국 최고 증가폭".

이도길·김창석·김진. 2010. 「재개발사업기간에 영향을 미치는 요인에 관한 연구」. ≪도시행정학보≫, 23(3), 237~252쪽.

이명훈·변창흠·정철모·유삼술·조필규. 2009. 「도시정비사업에서 공공의 역할과 책임 강화」. ≪도시정보≫, 325, 3~14쪽.

이상경·신우진·정창무. 2001. 「내용분석을 이용한 재건축 사업 관련 주체들간 갈등에 관한 연구」. ≪국토계획≫, 36(6), 99~111쪽.

이석희·김수현. 2014. 「한국 주택체제의 성격과 변화」. ≪한국공간환경학회 학술대회 논문집≫, 1~24쪽.

이슬기·권해림·유정호. 2009. 「도시재생사업에서의 갈등사례 유형 분석」. ≪한국건설관리학회논문집≫, 10(6), 78~87쪽.

이우석·한식. 2017. 「주택시장의 국제적 네트워크 연계성 분석」. ≪주택연구≫, 25(4), 73~101쪽.

이정복. 2005. 「건설사업관리를 통한 주택 재건축사업 효율성 제고 방안」. ≪대한건축학회 논문집-구조계≫, 21(9), 153~160쪽.

이정우. 2009. 「한국의 경제위기, 민주주의와 시장만능주의」. ≪역사비평≫, 18~49쪽.

임윤수·김웅. 2018. 「재건축시장에서 증가된 용적률의 법적성질에 대한 연구」. ≪법학연구≫, 18(3), 395~417쪽.

임윤수·최완호. 2009. 「공동주택 재건축에 있어서 개발이익환수의 범위: 주택재건축사업의 공공성과 개발이익의 법리를 중심으로」. ≪부동산연구≫, 19(2), 133~150쪽.

정종우·이동원·김혜진. 2024. 입시경쟁 과열로 인한 사회문제와 대응방안. ≪BOK 이슈노트≫, 제2024-26호.

최달식·이영대. 2013. 한국경제성장과정의 건설산업과 GDP의 관계 분석. ≪한국건설관리학회 논문집≫, 14(6), 70~77쪽.

Adams, M. 2015. *Land: A new Paradigm for a thriving World*. North Atlantic Books.

Bratt, R. G. 2017. "Post-foreclosure conveyance of occupied homes and preferential sales to nonprofits: Rationales, policies, and underlying conflicts." *Housing Policy Debate*, 27(1), 28~59.

Downs, A. 2007. *Niagara of capital: How global capital has transformed housing and real estate markets*. Urban Land Inst.

Easthope, H. 2019. "Redevelopment." *In The Politics and Practices of Apartment Living*. Edward Elgar Publishing.

Fikse, E. and M. B. Aalbers. 2021. "The really big contradiction: Homeownership discourses in times of financialization." *Housing Studies*, 36(10), 1600~1617.

Franzsen, R. and W. J. McCluskey. 2012. "Value-based approaches to property taxation." *A primer on property tax: Administration and policy*, 41~68.

Goldstein, A. and Z. Tian. 2020. "Financialization and Income Generation in the 21st Century: Rise of the Petit Rentier Class?"(No. 801. LIS). Cross-National Data Center in Luxembourg.

Katz, C. 2001. "Vagabond capitalism and the necessity of social reproduction." *Antipode*, 33(4), 709~728.

Lee, Y., P. A. Kemp and V. J. Reina. 2022. "Drivers of housing (un) affordability in the advanced economies: A review and new evidence." *Housing Studies*, 37(10), 1739~1752.

Murray, C. and J. B. Hermans. 2019. "Land value is a progressive and efficient property tax base: Evidence from Victoria."

Piketty, T. 2021. "Capital and ideology." *Capital and Ideology*. Harvard University Press.

Prieg, L. and T. Greenham. 2012. *Stakeholder banks: Benefits of banking diversity*. London: NEF.

Ryan-Collins, J. 2019. "Breaking the housing–finance cycle: Macroeconomic policy reforms for more affordable homes." *Environment and Planning A: Economy and Space*, 0308518X19862811.

Wallace, C. G. 2019. "Tax Policy and Our Democracy." *Mich. L. Rev.*, 118, 1233.

Wind, B., C. Dewilde and J. Doling. 2020. "Secondary property ownership in Europe: Contributing to asset-based welfare strategies and the 'really big trade-off'." *International Journal of Housing Policy*, 20(1), 25~52.

Yang, Z. 2018. "Differential effects of land value taxation." *Journal of Housing Economics*, 39, 33~39.

Yiu, C. Y. 2023. "Are central banks' monetary policies the future of housing affordability solutions." *Urban Science*, 7(1), 18.

제5장

한국형 부동산PF, 무엇이 문제인가

이상영

1. 들어가는 글

우리나라에서는 건설사나 시행사가 자금난에 처하면 해당 기업의 부동산PF 문제가 전체 부동산PF 시장의 자금경색으로 확산되는 행태가 되풀이되고 있다. 소위 한국형 부동산PF는 원론적인 의미의 프로젝트 파이낸싱과는 다른 방식으로 이루어진다. PF는 모기업과 분리된 명목회사인 SPC(Special Purpose Company)를 통해 사업성에 기초해 자금을 조달하기 때문에 모기업과 재무적으로 독립성을 가지며, 사업 장기화에 따른 위험이 최소화된다.

그렇지만 우리나라의 부동산PF는 사업성 평가가 제대로 이루어지지 않고 있으며, 시공사인 건설사와 조달창구인 금융기관의 보증과 신용공여 등을 통해 이루어진다. 그 결과 사업성이 떨어지고 사업주체의 신용도가 낮더라도 대규모 PF가 가능하다. 이때 시행자의 자기지분(equity)은 전체 사업비의 극히 일부로 토지계약금 정도만 투입되고, 나머지 사업비의 대부분은 PF에 의해 조달된다. 따라서 금리 급등이나 경기 침체와 같은 일시적인 경제 충격만 주어져도 PF 부실과 파급이 전체 경제로 퍼지게 된다. 이러한 PF 문제를 해결하기 위해서는 지금까지 당연시되어 온 한국형 부동산PF 구조를 탈피하도록 근본적으로 제도를 개선해야 한다.

2023년 말부터 태영발 PF 위기가 발생했는데, 이는 2022년 가을에 발생한 레고랜드 사태 당시의 PF 위기를 연상시키면서 이 사태가 부동산금융시장 전체에 큰 위협 요소로 간주되었다. PF로 인한 위기는 2008년 글로벌 금융위기 때도 대형 건설회사 부도와 연이은 저축은행 부실 사태로 발현된 바 있다. 부동산PF 위기가 이처럼 되풀이되는데도 이를 극복하기 위한 정책은 왜 여전히 마련되지 않을까 하는 의문이 든다.

2. 한국형 부동산PF의 문제점

PF는 프로젝트 파이낸싱(Project Financing)의 약어로, 특정 프로젝트의 수익성과 신용도를 기반으로 해당 사업의 대출이나 투자 등의 자금 조달을 수행하는 금융기법이다. PF에서는 프로젝트의 현금흐름에 기초해 해당 사업의 사업성을 평가하기 때문에 투자가 실패하더라도 그 손실은 해당 프로젝트로 한정된다. 이에 따라 대규모 부동산개발투자에 PF가 주로 이용되고 있다. 즉 인프라, 에너지, 광업, 대규모 부동산개발이 여기에 해당하며, 해외에서는 유로터널과 같은 장기 SOC 투자가 전형적인 PF 사례에 해당한다.

PF는 특수목적법인(SPC)을 투자체(Vehicle)로 활용해서 이루어진다. 우리나라에서는 부동산PF의 투자체로 상법상의 SPV(Special Purpose Vehicle)를 활용하고 있다. SPV는 프로젝트를 위한 독립적인 명목회사(Paper Company)이기 때문에 프로젝트의 위험을 모기업으로부터 분리시킬 수 있어 재무적 독립성이 보장된다. 따라서 프로젝트는 모기업에 영향을 주지 않고도 대규모의 장기사업이 가능하다. 원론적으로 잘 구조화된 부동산PF라 할지라도 최악의 금융위기나 불가항력적인 자연재해 등의 문제로 어려움을 겪을 수 있다. 그렇지만 PF사업의 위험이나 부도의 영향은 근본적으로 모기업과 분리되어 있기 때문에 특정 PF사업이 무너지더라도 그 파장이 모기업이나 산업 전체에 영향을 미치지는 않는다.

그렇다면 우리나라의 부동산PF는 교과서에서 정의하는 이러한 부동산PF와 어떻게 다른가? 우리나라에서는 대부분의 사람들이 부동산PF를 대규모 부동산대출로 인식하고 있다. 즉, 부동산PF를 부동산 개발이나 부동산 매입을 위해 대규모 자금을 대출하는 일반적인 금융 레버리지(leverage) 수단 중 하나로 인식하고 있는 것이다.

그렇다면 이론과 현실 간의 이와 같은 괴리는 왜 발생할까? 이는 우리나라 부동산PF가 한국형 부동산PF라고 불릴 만큼 매우 특이한 방식으로 이루어져 있기 때문이다. 부동산PF는 현금흐름에 기초해 사업을 평가하고 재무적 독립성을 갖춘다는 원칙하에 조달되어야 하지만, 우리나라의 PF 대출은 이와는 전혀 다른 방식으로 이루어진다.

우선, 부동산PF가 주로 이루어지는 개발사업의 경우는 토지 매입과 건물의 건설과정을 전부 포함하기 때문에 다른 부동산투자 사업에 비해 위험도가 매우 높다. 토지는 부동산 유형 중 초기에 투입자금이 많이 소요되고 회수하는 데 장기간이 필요하기 때문에 토지개발은 사업 위험도가 가장 높은 부동산사업이다. 그렇기 때문에 토지 매입 대출은 금융기관에서 매우 신중하게 이루어진다.

그런데 우리나라 부동산PF에서는 토지 매입자금 조달이 자기자본인 지분보다는 금융기관 대출을 통해 주로 이루어진다. 즉, 개발사업자가 토지 매입자금의 10%를 계약금으로 지불하고, 90%는 제2금융권의 브리지론 (Bridge Loan)으로 조달한다. 이러한 브리지론은 토지 매입이 종료된 후 소위 본PF를 통해 바로 상환된다. 그런 의미에서 명칭이 브리지론이다. 2008년 글로벌 금융위기 당시 저축은행들이 대거 부도가 난 것은 저축은행의 이러한 브리지론 관행 때문이었다. 글로벌 금융위기 이후 저축은행은 브리지론 참여에 소극적이 되었지만, 이를 대신해서 증권, 캐피털 등 제2금융권 기관들이 브리지론에 대거 참여하고 있다.

이렇게 브리지론을 이용해서 토지를 매입하고 나면 건물 공사비를 조달해야 한다. 이때 이루어지는 대출을 본PF라고 한다. 이 단계에서 중요한 것은 건설에 대한 책임준공과 같은 시공사 보증이므로 이를 근거로 금리가 상대적으로 낮은 제1금융권에서 대출을 제공한다. 이때 본PF에는 브리지론 상환을 위한 자금이 포함되기 때문에 개발 시행사는 전체 자금 중 토지계약금 10%만 부담하고, 나머지 토지 매입자금 90%와 건설공사비, 금융비용 등 사업비의 대부분을 본PF로 조달한다. 이처럼 개발사업자의 자기지분은 극히 일부만 투입되고 사업비의 대부분을 대출로 조달하는 방식이 한국형 부동산PF의 핵심내용이다.

이렇게 대출이 이루어지더라도 부동산PF 대출기관이 사업성을 제대로 평가해서 대출을 제공한다면 사업위험이 상당히 감소될 수 있다. 그렇지만 개발사업의 사업성을 평가하는 것은 오랜 사업기간과 각종 위험을 고려하고 장래의 현금흐름을 예측해야 하는 고난이도의 평가작업이다. PF 사업성 평가는 일반 부동산담보대출과 달리 토지 이외의 담보물이 없기 때문에 대출심사에서 사업성 평가가 핵심적인 요건이다.

그런데 우리나라의 금융기관들은 사업성 평가에 기초해서 대출을 제공하기보다는 신용공여나 각종 보증, 담보를 통해 사업이 부도나더라도 대출금을 회수하는 방안에 주력한다.

우리나라에서는 30세대 이상인 주택분양사업의 경우 주택도시보증공사(HUG)에 의무적으로 해당 사업의 분양보증을 받아야 한다. 분양보증된 주택의 경우 시행사나 시공사가 부도가 나더라도 주택도시보증공사에 의해 시행사나 시공사가 대체되고, 주택이 완공되면 수분양자들의 입주가 보장된다.

분양보증되는 주택사업이 아닌 경우 PF 보증이나 다양한 안전장치를 통해 대출회수를 보장받는다. 대표적인 방식이 건물에 대한 책임준공 확약으로, 이는 시공사가 건물의 준공책임을 지는 보증이다. 시공사는 사업시행자(시행사)가 아니더라도 PF 시 책임준공을 금융기관에 확약하고, 시행사는 이를 기초로 대출을 받는다. 시공사의 신용이 낮을 경우 부동산신탁사의 책임준공형 관리형토지신탁에 가입함으로써 역시 책임준공을 보증한다.

결국 우리나라의 개발사업에서는 부동산PF가 명목상으로는 PF이지만 실질적으로는 분양보증, 책임준공과 PF 보증에 의해 신용보강이 반드시 수반되는 구조이다. 따라서 교과서적인 PF로 보기 힘든 독특한 방식의 대출이며, 대출기관은 신용보강의 각종 수단을 통해 PF의 대출상환을 위험 없이 확정짓고 대출을 제공한다.

3. 선분양에 따른 문제점

우리나라의 주택사업은 대부분 선분양을 하고 있다. 선분양 이후 계약금, 중도금, 잔금의 형태로 건설기간 중 분양대금이 유입되고, 분양률, 공정률, 유입되는 분양대금에 따라 현금흐름이 달라진다. 따라서 우리나라 부동산PF는 수분양자의 선분양에 따라 자금이 유입되기 때문에 토지 매입비만 조달할 수 있으면 나머지 PF의 조달 규모가 크게 줄어든다. 이러한 배경하에 자금력이 없는 시행사도 개발사업에 쉽게 뛰어들 수 있다.

선분양은 주택 분야뿐만이 아니라 비주택 분야(상업용 건물, 지식산업센터, 오피스텔 등)에도 일반화되어 있다. '건축물의 분양에 관한 법률'에 따라 비주택의 경우 분양 시 공정률 규제(80% 이상)가 있기도 하지만, 이 역시 신탁으로 하면 선분양이 가능하다. 선분양 자금이 충분히 확보되면 개발사업이 쉽게 진행되기 때문에 시행사는 지분이 적더라도 선분양과 금융기관 대출을 이용해 개발사업에서 재무레버리지 효과를 누려왔다.

한국형 부동산PF에서는 많은 시행사가 채무상환능력이 없기 때문에 대출 시 시공사나 금융기관이 신용공여를 담당하는 것이 일반화되어 있다. 만약 분양률이 저조해 계약금과 중도금 대출이 원활하지 않으면 시행사는 그만큼의 건축자금이나 제반비용을 PF 또는 유동화로 해결해야 하는 부담을 안게 된다. 이로 인해 분양이 예상된 대로 진행되지 않는 상황에서는 금융비용이 급증하고 사업기간이 장기화되는 현상이 나타난다. 만약 금리가 수익률을 초과하는 역레버리지 상황이 되면 시행사의 자금경색은 더욱 심화된다.

외국의 경우 시행사가 총사업비의 20~30%를 조달하고 토지 매입에서도 담보인정비율이 50%를 넘지 않기 때문에 우리나라와 같은 과도한 대출의존에 따른 문제가 발생하지 않는다. 결국 우리나라는 토지 매입 단계에서의 대출비율이 지나치게 높고, 건설단계에 진입할 때에도 건설자금 중 선분양에 따른 수분양자들의 자금에 의존하는 비율이 높기 때문에 분양률이 예상보다 낮으면 건설단계에 필요한 PF자금을 조달하는 데 대한 부담이 급격히 증가하면서 사업에 큰 어려움이 발생한다.

4. 부동산PF 유동화의 문제점

한국형 부동산PF의 특이한 조달 방식 중 하나는 대출채권 등 자산을 유동화하는 방식을 통해 단기건설자금을 조달한다는 것이다. 즉, 대출채권을 유동화해 직접 자본시장으로부터 좀 더 유리한 조건으로 필요자금을 유치한다. 브리지론(또는 토지)이나 본PF의 대출채권을 담보로 자산유동화증권(Asset Backed Securities: ABS)을 기업어음(Commercial Paper: CP) 형태로 발행하고 있다. 이를 PF자산유동화기업어음(PF-ABCP)이라고 하는데, 이는 1~3개월 만기로 발행된다. 즉, 시행사의 PF 대출채권을 상법상의 SPC가 양수받아 이를 기초자산으로 CP를 발행하는 것이다. 이때 PF-ABCP에 대한 보증이나 매입확약 같은 신용공여는 증권사 등 금융기관이 제공한다.

신용도가 높은 시공사의 경우 이러한 ABCP를 통해 PF 대출금리보다 낮은 저리로 자금을 조달할 수 있다. 반면 신용도가 낮은 시행사의 경우 금리가 높더라도 공정률에 따른 건설자금을 단기로 조달하는 수단으로 ABCP를 이용하고 있다. 따라서 경기 침체기에는 신용도가 낮은 시행사가 ABCP를 이용할 경우 사업 부진으로 차환 발행이 중단되는 상황이 발생하기도 한다.

2022년 레고랜드 사태 당시 ABCP 방식의 자금 조달이 가진 문제점이 고스란히 드러났다. 강원도는 레고랜드를 유치하는 과정에서 도로 등 인프라 시설을 도 예산으로 건설하기 위해 SPC를 설립했다. 이 SPC에 필요한 건설자금을 조달하기 위해 ABCP를 발행했는데, 이 ABCP에 대한 자금 상환을 지방자치단체인 강원도가 보증했다. 2022년 강원도는 SPC 자금 조달에 어려움이 발생하자 보증철회를 선언했고 이로 인해 전체 ABCP시장에서 신용도가 높은 시공사조차도 차환 발행이 중단되는 심각한 상황이 초래되었다.

당시 금융기관이 이 ABCP를 매입한 이유는 SPC의 사업성 때문이 아니라 국가신용에 준하는 강원도가 지급보증을 약속했기 때문이었다. 강원도의 보증철회라는 디폴트 선언으로 이 ABCP는 지급불능이 되었고, SPC가 부도날 상황에 처했다. 지자체의 지급보증도 믿을 수 없게 되면서 전체 ABCP시장의 신용도가 급락했고 순식간에 모든 ABCP 차환이 중단되는 자금경색이 발생했다.

한국형 부동산PF에서는 자금을 원활히 조달하기 위해 ABCP가 1~3개월 단위의 차환방식으로 자금을 조달하는 것이 관행이다. 하지만 보증기관이 보증을 이행하기 어려워지면 차환이 안 되면서 부도가 발생한다. 이처럼 보증을 이행할 수 없는 상황이 발생하면 전체 ABCP시장에서는 언제든 자금경색 문제가 불거질 수 있다.

5. 부동산PF 부실의 규모

2022년 10월 발생한 레고랜드 사태 당시 2,050억 원의 ABCP를 차환하는 문제가 전체 부동산PF 시장의 자금경색 국면을 초래했다. 이 과정에서 재건축 중이던 둔촌주공의 우량 시공사들에 8,250억 원의 PF 차환이 발행되지 않자 정부가 채권시장안정펀드를 투입해 이를 해결한 바 있다. 금융위원회에 따르면 2023년 말 부동산PF 잔액은 135.6조 원이었는데, 이 중 브리지론은 30조 원, 본PF는 100조 원으로 추산된다. 만기연장비율은 브리지론이 70%, 본PF는 50% 수준이었다. 당시에는 문제가 발생한 PF 대출을 만기연장하는 방식으로 PF를 유지하고 있었다.

과거에 부동산PF가 자금경색과 금융위기에 처했을 때에도 정부가 대책을 마련한 바 있다. 2008년 글로벌 금융위기 당시에는 미분양 물량이 IMF 외환위기 때보다도 많은 16만 호에 달했다. 이로 인해 시행사 및 시공사들에게 브리지론이나 PF 대출을 해준 저축은행들이 대거 부도가 나면서 부동산PF 시장이 큰 어려움을 겪었다. 이에 따라 정부는 2011~2013년 시장 건전성을 유지하기 위해 두 가지 장치를 도입했다.

첫째, 시공사 우발채무가 되는 지급보증 행위를 규제하기 위해 보증관련 사항을 재무제표에 반영하도록 했다. 둘째, 좀 더 강력한 규제정책으로, 부동산PF를 줄이기 위해 시행사가 사업비의 최소 20% 이상을 자기자금으로 조달하도록 했다. 이러한 일련의 조치 이후 은행권의 부동산PF 대출은 상대적으로 증가세가 둔화되었고, 대출받은 시공사의 신용등급도 양호하게 유지되었다.

그런데 최근 부동산 경기가 활황국면에 진입하면서 신용등급이 낮은 시행사와 시공사를 대상으로 금융기관의 PF 대출이 급격히 증가했다. 이 과정에서 자기자본비율에 대한 규제가 느슨해지고 신용공여형 보증이 크게 확대되었다. 금융위원회에 따르면 2020년 말 PF 대출 잔액은 92.5조 원이었으나, 2022년 말 130.3조 원으로 증가했고, 2023년 말에는 135.6조 원에 이르렀다. 부동산PF 중 금융기관의 채무보증을 전제로 하는 ABCP는 30조 원이 발행되었다. 특히 비은행권의 ABCP는 은행권과 달리 시공사 신용등급이 낮았고, 충당금이나 담보유형에서 부실위험이 상대적으로 컸다. 금융기관 유형별로 보면 은행과 보험사의 PF 대출 잔액은 각각 46.1조 원과 42조 원인데, 연체율은 0.35%, 1.02%에 불과했다. 반면 비은행금융 기관 유형별로 보면 PF 대출 잔액은 저축은행이 9.6조 원, 상호금융이 4.4조 원으로 대출 규모가 은행권보다 작지만 연체율은 각각 6.94%, 3.12%에 달했다.

6. 부동산PF 대응방안

부동산PF 문제를 해결하기 위해서는 한국형 부동산PF 제도를 근본적으로 개선해야 한다.

2024년 5월 정부는 PF의 질서 있는 연착륙을 추진하기 위해 다음과 같은 정책을 발표했다. 우선 사업성이 충분한 정상PF 사업장은 사업 추진에 필요한 자금이 원활히 공급될 수 있도록 지원하기로 했고, 사업성이 부족한 일부 PF 사업장은 시행사, 시공사, 금융회사 등 PF 시장참여자가 스스로 재구조화하고 정리해 나갈 수 있도록 유도하기로 했다. 이를 위해 PF 대주단 협약을 개정하고 경공매 기준을 도입하는 한편, 합리적이고 객관적인 PF 사업성 평가 기준을 마련해 금융회사 스스로 사업성을 판별하도록 유도하고 맞춤형 대책을 추가로 마련하기로 했다. 정부는 시장, 금융회사, 건설사의 안정화를 위해 규제를 완화하고 있고, 94조 원에 달하는 자금과 보증을 지원하고 있으며, 제2금융권의 자본 확충과 금융회사 충당금 적립을 유도하고 있다.

그렇지만 이러한 단기적인 정책대응으로는 당장 발생한 PF 문제를 수습할 수 있을지 몰라도 매번 반복되는 부동산PF 문제를 근본적으로 해결하기는 힘들다. 따라서 다음과 같은 좀 더 근본적인 제도개선을 제안하는 바이다.

첫째, 원칙적으로 부동산PF는 금융기관이나 시공사의 보증에 의존하는 방식에서 탈피해 사업성 평가에 근거해서 대출이 이루어져야 한다. 이러한 신용보강 행위들은 사업자금 조달을 쉽게 해준다는 점에서 관행적으로 이루어져 왔지만, 이 과정에서 PF의 기본인 사업성 평가가 간과되었다. 이것은 매우 심각한 문제이다.

둘째, 시행사가 자기자금을 전체 사업비의 20% 이상 확보하지 못하면 개발사업을 인허가하지 않아야 한다. 2008년 위기 이후 시행사의 자기지분에 대한 지적이 제기되었지만, 크게 개선되지 못하고 있다. 결국 시행사가 토지 매입비의 일부만 가지고 부동산개발사업을 하는 PF 관행이 지속되는 한 경기충격이 발생할 때마다 한국 부동산PF의 위기가 초래될 것이다.

셋째, 선분양에 의한 수분양자의 계약금과 중도금 같은 현금흐름에 의존하는 현행의 부동산개발 자금 조달 방식을 점진적으로 후분양으로 이행해야 한다. 후분양으로 이행하기 위해서는 건설과정에 필요한 건축자금을 조달하는 시공대출제도를 별도로 정립할 필요가 있다.

넷째, PF-ABCP와 같이 단기적인 유동화채권을 이용해 PF사업자금을 조달하는 구조를 근본적으로 바꾸어야 한다. 이러한 유동화제도 자체를 포기하기 어렵다면 PF-ABCP를 사업기간에 맞게 재발행기간을 연장해서 발행해야 한다. 이를 통해 자금의 수시 차환이라는 악순환에서 벗어나야 할 것이다. 현재의 PF-ABCP 방식에서는 일시적인 자금경색이나 금리변동으로도 차환을 발행하기 어려워지고, 시행사나 시공사가 자금을 미스매치하면 사업성과 무관하게 부도가 발생할 수도 있다.

제6장

—

전세사기 문제, 어떻게 대처해야 하는가

이상영

1. 들어가는 글

2020년대 들어 전세사기 문제가 일파만파로 커지면서 급기야는 전세제도의 유지 자체가 의심되는 상황에 이르렀다. 특히 전세제도에 익숙하지 않은 젊은 세대에게 전세임차는 매우 곤혹스럽고 힘든 과제가 되고 있다. 전세는 우리나라에서 오랜 기간 생명력을 유지하고 있는 제도이지만, 외국에서는 볼리비아에만 거의 유일하게 우리나라와 유사한 형태의 임차제도가 존재하고 있다.

전세제도는 지속적인 집값 상승을 전제로 성립된다. 즉, 임대인이 전세금을 레버리지로 활용해서 집을 구입할 경우 현금흐름인 임대소득은 발생하지 않지만, 임대인은 주택가격 상승에 의해 상당한 자본차익을 누릴 수 있다. 반면 세입자는 매달 월세를 내는 대신 임차기간 중 목돈인 전세금을 맡기고 이를 만기 시 돌려받기 때문에 상대적으로 저렴한 임대료로 거주가 가능하다. 이러한 이유로 정부는 저리의 전세금 대출을 지속적으로 확대해 주는 제도를 주거복지 차원에서 유지해 왔다. 이러한 배경하에 임차인은 금융기관으로부터 손쉽게 저리의 전세금 대출을 받을 수 있었다. 결과적으로 전세제도는 임대인과 임차인, 정부, 3자를 모두 만족시키는 임대차제도로서 장기간 존속할 수 있었다.

그런데 최근 전세사기 문제가 불거지면서 전세제도가 더 이상 지속되기 어려울 수 있다는 신호가 나타나고 있다. 사실 전세의 월세화 현상은 이미 오래전부터 광범하게 일어나 월세임차 비중은 재고기준으로 60%를 넘어섰다. 주택유형으로 보면 주로 전세시장이었던 아파트시장에서도 부분 월세화(반전세 등) 현상이 크게 증가했다. 2020년 이후 아파트 전세가가 폭등하자 고가인 아파트에 전세로 들어가지 못하는 임차인들이 연립다세대, 단독다가구, 오피스텔과 같은 비아파트 임대시장에서 저렴한 전세를 찾기 시작했다. 이에 따라 전통적으로 월세시장이던 비아파트주택 임차시장이 전세화되는 현상이 나타났다.

이 과정에서 아파트와 달리 주택 가치를 측정하기 어려운 비아파트임차시장에서 임대주택자산의 가치를 넘는 전세계약이 급격히 증가했다. 결국 '빌라왕', '건축왕'과 같은 악성임대인이나 분양업자, 중개업자, 감정평가사들이 이러한 상황을 악용해 전세금을 편취하는 전세사기가 광범하게 나타났다. 현재의 전세사기 문제에 대응하기 위해서는 당장은 피해자를 구제하는 적절한 방안을 마련해야 한다. 이와 더불어 전세사기가 전세제도 자체가 지닌 구조적인 문제로 발생하는 것인지, 아니면 전세계약에 제도적 안전장치를 마련하면 피할 수 있는 문제인지를 규명하고, 그 대안을 근본적으로 검토해야 한다.

2. 전세사기는 왜 확산되었는가

전세제도는 전 세계에서 우리나라에만 존재하는 임차제도이다. 유사한 형태의 임차제도가 볼리비아 등 남미에 있지만, 이는 임차인이 임대인에게 목돈을 빌려주고 그 이자로 임대료를 대신하는 채권적 성격을 가지고 있다. 반면 우리나라의 전세권은 법적으로는 물권이지만 임대차계약은 채권적 형태로 이루어지는 불완전한 임대차제도로 운영되고 있다.

일반적으로 외국에서 이루어지는 임대차계약을 보면 1~2개월치의 보증금을 받아서 이를 별단계정(escrow)으로 보관하다가 임대기간이 만료되면 돌려주는 방식이다. 따라서 보증금의 규모가 매우 작으며, 여기서 발생하는 이자도 원칙적으로는 임차인에게 귀속된다. 보증금을 받는 것도 임대주택에서 발생하는 물리적 손상을 원상 복구하기 위한 비용을 선불로 예치하는 것에 가깝다.

반면 우리나라의 경우 임대주택을 점유할 수 있는 권리인 전세권에 대한 대가로 임차인이 임대인에게 전세금을 지불하고 전세기간이 종료되면 전세금을 반환받는다. 이때 전세권은 전세금을 채무자로부터 돌려받는 채권이 아니라 임대주택 사용에 대한 배타적권리를 보장받는 물권으로 간주되고 있다. 이로 인해 임대인이 바뀌어도 전세계약은 해당 물건의 소유주에게 승계되는 것으로 해석된다. 이러한 전세금의 성격상 임대물건의 가치가 전세금을 보호하고 돌려받는 데 결정적인 역할을 한다.

그런데 전세계약 이후에는 전세금의 사용권한이 임대인에게 넘어가기 때문에 임대인은 전세금을 예치하지 않고 다른 용도로 사용할 수 있다. 전세금은 임차인이 지불하는 일종의 무이자 대출의 성격을 가지고 있기 때문에 임대인은 자신의 필요로 따라 자유롭게 전세금을 사용할 수 있다. 이에 따라 임대인은 일반적으로 전세금을 주택구입을 위한 레버리지 수단으로 활용하거나, 다른 개인적인 용도로 사용한다. 우리나라에서는 주택을 구입할 때 절반 가까이가 전세금 레버리지를 이용하며, 결과적으로 구입 자금의 상당 부분을 전세보증금으로 해결하고 있어 전세금을 보관하는 경우는 사실상 없다.

상황이 이러하므로 만기 시 전세금을 돌려줄 때는 다음 전세세입자의 전세금으로 그 재원을 마련하는 것이 일반적이다. 즉, 다음 세입자의 전세금이 확보되어야 임차인은 자신의 전세금을 반환받을 수 있다. 따라서 선순환의 전세계약이 이루어지지 않으면 전세금 지불에서 연쇄적 부도가 발생하면서 전세시장의 자금이 경색된다.

주택가격 하락기에는 기존 전세금보다 신규 전세금이 적은 경우가 많기 때문에 소위 역전세난이 발생한다. 역전세난이 일어나면 임대인은 부족한 전세금을 대출이나 자산매각을 통해 조달해야 한다. 만약 이것이 여의치 않으면 기존 전세계약을 연장하고 임차인에게 전세금 미상환액을 이자로 지불하는 경우도 생긴다.

특히 갭투자의 경우 주택구입자금의 대부분을 전세금으로 해결하기 때문에 임대인이 부담하는 지분(equity)은 미미하다. 자기지분이 아예 없는 '무(無)갭투자'가 이루어지면 임대인은 임차인의 자금으로 주택을 구입하는 것이 된다. 전세금이 구입자금보다 높으면 임대인은 전세금의 일부를 차익으로 가지게 된다. 따라서 소위 깡통주택이 되면 임대주택을 매각해도 전세금이 전액 회수되지 않는 상황이 발생한다.

이처럼 전세금을 레버리지로 한 갭투자가 일반화되면서 전세금반환에 실패하는 전세사고, 나아가서 고의적인 전세사기가 발생할 가능성이 커진다. 기존 주택을 거래하는 단계가 아니라 주택을 분양하는 단계에서도 전세사기가 발생한다. 과거 금융권에서 주택대출사기가 빈발했을 때에는 주택가격을 부풀려서 실제 가치 이상으로 주택담보대출을 받아 부도를 내기도 했다. 이때 주택대출 사기꾼들은 노숙자를 구입자로 동원했다. 현재 전세사기에서 바지사장인 빌라왕을 내세우는 것과 유사한 방식이다. 이후 금융권의 주택담보대출 심사가 엄격해지자 금융기관이 아닌 개인임차인을 대상으로 하는 전세사기가 새로운 사기 기법으로 변형되어 확산되고 있다.

주거정책 차원에서 저리 전세대출이 일반화되면서 임차인이 쉽게 전세대출을 받을 수 있게 되었다. 이로 인해 주택 가치와 무관하게 전세금의 상당 부분을 저리 전세대출을 통해 조달하는 전세의 금융화 현상이 나타나고 있다. 정부의 이러한 전세정책하에 저리 전세대출은 저소득층뿐만 아니라 중산층으로까지 확대되었고, 주거복지정책의 대상이 아닌 경우에도 전세대출이 광범위하게 이루어지고 있다. 이러한 허점을 노린 악덕 임대업자나 분양업자는 전세가를 주택가격보다 훨씬 부풀려 임차인을 속인 뒤 계약하고 있다.

지난 몇 년간 저금리로 전세대출을 받기 수월해지자 아파트와 같은 우량 전세물건에 대한 수요가 급증했다. 이에 따라 아파트 전세 물건이 부족해지면서 연립다세대, 다가구, 오피스텔과 같은 비우량 임대물건의 신규 공급이 급증했다. 비아파트 임대물건은 자본차익이 거의 발생하지 않기 때문에 임대인들도 임대수익을 극대화하기 위해 일반적으로 월세를 선호했다. 따라서 2020년 이전에는 이 시장이 저소득층의 월세 중심이었으나, 저리 전세대출이 크게 증가하면서 아파트의 전세수요가 이러한 월세시장까지 넘쳐 들어오게 되었다.

이 시장이 지닌 가장 큰 문제는 주택 가치를 정확히 파악할 수 없다는 점이다. 대규모 단지인 아파트시장은 거래가 많고 가치평가도 수월하기 때문에 임차인도 쉽게 평가가격을 알 수 있다. 반면 비아파트시장인 임대주택은 단지 규모가 수십 호에 불과하고 매매거래도 거의 없어서 임대주택의 가치를 알기가 매우 어렵다. 이 때문에 비아파트 임대주택에서 전세사기가 발생할 가능성이 크다.

3. 정부는 무엇을 했는가

전세사기가 횡행하는 것은 전세제도의 구조적인 문제 때문이기도 하지만, 장기간에 걸친 정부의 잘못된 주거복지정책이 촉매제로 작용했기 때문이기도 하다. 정부는 전세금의 저리대출을 주거복지정책으로 간주해 서민을 위한다는 명분으로 저리 전세대출을 광범하게 실시했다. 저소득층뿐만 아니라 신규시장에 진입하는 청년층이나 신혼부부도 저리대출의 대상에 해당했다. 고가전세의 경우 일부 제한이 있지만, 정부는 전세대출을 중요한 주거복지정책의 성과로 내세웠고, 전세금반환보증제도 또한 동일한 맥락에서 낮은 보증수수료로 이루어지고 있다.

이러한 전세우대정책은 전세가가 상승하는 근본적인 배경이 되었다. 과도한 전세가 상승에도 불구하고 저리 전세대출이 용이해지면서 비아파트 시장의 전세물건도 쉽게 임차인을 구할 수 있게 된 것이다. 결국 임차인이 가치평가가 어려운 비우량 임대물건을 전세로 이용하면서 단시간에 이 시장에서 전세계약이 확산되었다.

2022년 이후 미국발 금리인상에 따라 전세대출금리가 치솟자 임대시장에서 전세 임대료가 월세 임대료보다 더 비싸지는 결과가 초래되었다. 일반적으로 임대시장에서 전세를 월세로 전환할 때 사용하는 전월세전환율은 금융기관 전세대출 금리의 2배 이상이었다. 따라서 임차인의 입장에서는 월세로 전환하기보다 금융권대출을 통해 전세임대계약을 하는 것이 월세에 비해 훨씬 유리했다. 그런데 2022년 국내 금리 상승으로 기준금리가 3.5%에 이르면서 전세대출금리가 전월세전환율을 넘어서기도 했다.

정부정책 중 문제가 가장 심각한 분야는 전세금반환보증 분야이다. 전세금반환보증은 금융공기업들이 도입한 보증상품으로, 전세금이 반환되지 않으면 금융공기업이 대위변제를 하고 임대인에게 이를 구상하는 제도이다. 금융공기업 중에는 주택도시보증공사(HUG)가 저소득층이 주로 임대하는 비아파트 임대주택의 전세금반환보증에 집중하면서 가장 압도적 시장비중을 차지하고 있다.

그런데 다세대연립, 오피스텔 등은 아파트와 달리 주택 가치에 대한 가격정보를 제대로 찾을 수 없다. 이들 주택의 가치가 파악되지 못한 상황에서 주택도시보증공사는 전세금반환보증을 실시했고, 그 결과 반환보증 사고가 급격히 늘어났다. 2015년 제도를 도입한 이후 안정적이던 반환보증 사고 추세는 2022~2024년간 최고조에 달했다. 그 결과 2024년 상반기에만 전세보증 사고 규모가 2.7조 원에 달했다. 이는 전년 동기 대비 43.5%나 증가한 것으로, 주택도시보증공사의 존립이 위협받는 수준에 이르렀다. 임대인에 대한 보증금구상이 있기 때문에 일부 금액이 회수되었지만, 회수비율이나 기간 등을 고려하면 공기업 재정이 막대하게 허비되는 결과를 초래했다.

주택 가치를 정확히 알기 위해 감정평가서를 이용해서 반환보증을 하는 경우에도 감정평가사가 임대업자 등과 짜고 허위의 감정평가서를 제공한 경우가 많았다. 2022년 발생한 반환보증 사고 가운데 감정평가서를 이용한 비율은 17.6%에 달했는데, 사고금액 기준으로는 19.1%에 달했다. 이때 주택유형은 다세대주택이 74.7%로, 아파트나 오피스텔에 비해 훨씬 많았다. 이는 참조할 시세가 없는 신축빌라를 부풀리는 수법인 업(up)감정을 실시했기 때문이다. 감정평가가격을 부풀리는 방법은 주택도시보증공사가 보험 가입을 심사할 때 공시가격이나 실거래가보다 감정평가를 최우선으로 참조한다는 규정을 악용한 것이었다. 이에 따라 정부는 감정평가를 최우선으로 한다는 규정을 삭제했지만, 이로 인해 기존 임차인에게 내어줄 전세보증금을 후속 임차인에게서 받지 못한 임대인들이 부도날 위기에 처하게 되었다.

2022년부터 정부는 지속적으로 전세사기 대책을 내놓았으나 여전히 뚜렷한 해결책을 마련하지 못하고 있다.

초기에는 정보격차를 해소하기 위해 임차인이 정보를 검색할 수 있는 '안심전세앱'을 출시하고, 임대인의 세금, 이자 체납 등 신용정보와 주택의 선순위 권리관계, 선순위 보증금 등을 확인할 수 있게 하는 데 주력했다. 또한 임차인의 최우선 변제금액을 상향하고 임차인 대항력도 보강했다.

임차인이 불가피하게 전셋집을 낙찰 받아야 하는 경우 무주택요건을 유지하게 하거나 LH가 임대주택을 매입해서 피해 임차인이 지속적으로 주거할 수 있도록 하는 대책도 제시했다. 이러한 논의에 기초해서 2023년 6월 1일 '전세사기피해자 지원 및 주거안정에 관한 특별법'(약칭 '전세사기피해자법')이 제정되었다.

이 과정에서 정책이 혼선을 빚으면서 부작용이 커졌고, 핵심적인 정책대안을 마련하지 못한 채 시간만 끄는 상황이 지속되고 있다. 예컨대 기존 전세사기 피해자에게 금융지원(저리 전세대출)을 실시하는 것과 더불어 신규 전세보증금이 집값의 90% 이하인 주택만 전세금반환보증보험에 가입하도록 제도를 변경했다. 즉, 무자본 갭투자를 막기 위해 임대인이 10% 이상의 자기자본을 부담하도록 했다. 과거 보증보험을 시작할 때에는 이 비율이 70%(2013년)였으나, 100%(2017년)로 인상한 결과 제도가 악용되었다는 점을 정부가 인정한 것이다. 이와 더불어 가입 심사 때 감정평가액을 우선시하는 방식에서 실거래가와 공시가격을 우선시하는 방식으로 변경했다.

이렇게 해서 신축빌라 등에 대한 새로운 가격산정체계를 마련해, 전세보증 시 적용하는 주택가격을 현행 공시가 대비 150%에서 140% 수준으로 낮추었다. 이렇게 되자 공시가 대비 140%×전세가율 90%로 제도가 변경되면서 126%로 전세금 보증한도가 정해져 신규 전세계약에 새로운 상한이 생겼다. 그 결과 신규 전세금이 이전 전세금보다 낮아져 전세금을 내어줄 수 없는 상황이 발생했다. 결국 임대사업자가 추가 전세금을 마련해야 하는 난감한 상황이 생겨나면서 등록임대사업자들이 사업을 포기하는 상황이 초래되었다. 이렇게 되자 다시 감정평가액으로 가격을 산정하는 것을 인정하는 방식으로 제도를 변경했다. 이처럼 보증정책을 우왕좌왕 전개하면서 근본적인 해결책을 마련하기보다 새로운 부작용을 초래하고 있다.

4. 전세사기 피해자는 어떻게 구제해야 하는가

전세사기가 사회적 쟁점이 되면서 2023년부터 전세사기 피해자를 인정하고 구제책을 제도화하는 데 논의가 집중되었다. 전세사기 피해자를 인정하기 위한 전세사기피해지원위원회에서는 2024년 7월까지 약 2만 명의 피해자를 인정했고, 국회에서는 '전세사기피해자법' 개정을 논의하고 있다. 이와 관련해서 정부 여당과 야당은 개정방향에 대해 근본적인 견해 차이를 보이고 있다.

현재 정부와 여당에서는 LH가 경매차익을 임대보증금으로 전환해서 전세사기 피해자가 해당 주택에 추가임대료 없이 10년간 거주하거나 경매차익을 받는 방안을 제시하고 있다. 이렇게 LH가 주택을 매입할 경우 4.2조 원의 예산이 소요될 것으로 추산하고 있다. 정부는 이렇게 하면 매입주택이 LH의 공공임대주택이 되기 때문에 정부의 재정투입이 아니라는 입장이다.

반면 야당은 '선구제 후구상'으로 2.4조 원을 들여 보증금반환채권을 매입하고 이 중 50%를 회수하는 방안을 제시하고 있다. 야당은 채권평가비용 등을 합할 경우 1.3조 원의 예산이 투입될 것으로 예상하고 있다. 이렇게 되면 전세사기 피해자의 전세보증금 피해가 바로 복구된다는 점에서 전세사기 피해자가 가장 선호하는 방식이겠지만, 전세사기가 지속적으로 발생할 경우 재정 부담을 어떻게 해결할 것인가 하는 문제가 남는다.

전세사기 피해를 임차인 당사자의 책임으로만 보기에는 우리나라 전세 제도가 매우 취약하고 정부의 전세정책도 많은 문제점을 가지고 있었다. 따라서 현재의 전세사기는 일종의 사회적 재난으로 간주하고 정부가 적극적으로 대처해야 한다. 전세사기 피해 지원이나 특별법에 이러한 측면이 반영되어야 한다는 점에서 법 개정을 논의하는 것이 바람직하다. 다만 최선의 방안을 도출하기 위해서는 과거 이와 유사한 문제가 발생했을 때 이루어진 대책을 참고할 필요가 있다.

2008년 글로벌 금융위기로 대규모 미분양 사태가 발생하고 주택가격 폭락으로 하우스푸어 문제가 발생했을 당시 정부는 미분양리츠 또는 임대주택리츠를 도입해 해결하는 방안을 제시한 바 있다. 이것은 당시 발생한 미분양 아파트와 하우스푸어 부도에 대한 대책으로 제안된 일종의 정책리츠로, 이 정책을 통해 손실을 최소화하고 경기를 회복한 바 있다.

현재의 전세사기는 기존 임대주택에서뿐만 아니라 신규분양주택에서도 다수 발생했다. 분양주택에서 전세사기를 당하면 선순위 금융기관이 존재하기 때문에 전세보증금을 전혀 구제받을 수 없는 경우가 많다. 따라서 이처럼 다양한 피해자를 구제할 수 있는 법제도장치가 필요하다. 이때 책임소재를 따지거나 재정 부담을 키우기보다 과거 정책리츠와 같은 방식을 대안으로 고려해야 한다. 전세사기를 당한 임대주택을 리츠가 매입해서 운영하고 일정 기간 이후 이를 청산함으로써 전세보증금을 최대한 보상하는 방식이다. 이때 리츠의 출자범위에는 전세사기에 책임이 있는 금융기관이나 보증기관도 포함해야 한다. 그리고 정부는 이 리츠를 재정 지원하거나 세제 지원하는 방식으로 수익을 최대화해 운영·청산하는 방안을 마련해야 한다.

그런데 전세사기에 대한 대책만으로는 전세제도를 근본적으로 개선할 수 없다. 전세금이 주택가격 상승을 전제로 하는 주택자금 조달 성격을 가지고 있고, 전세임차인에게는 저렴한 임대라는 전세의 성격이 근본적으로 변화되기 어렵기 때문에 향후에도 이를 이용한 전세사기가 지속될 가능성이 크다. 마치 거대한 빙산이 일각만 보이다가 물이 빠지면서 전체가 드러나듯이 우리 사회에 만연한 전세사기도 가격하락기에 다시 등장할 것이다.

이 과정에서 정보가 부족한 전세세입자들은 정부의 방임 또는 잘못된 정책신호하에 임대사기꾼들의 농간에 극단적으로 노출된다. 따라서 전세계약을 체결하기 이전에 주택 가치의 정확한 수준에 대한 정보를 임차인에게 제도적으로 제공해야 했다. 최근 정부의 대책안이 이를 일부 포함하고 있는 것은 다행이지만 주택 가치를 검증하는 책임은 여전히 임차인의 몫이다. 하지만 개인 임차인은 이를 검증할 능력이 없다. 이보다는 임대주택의 가치, 임대계약 적합성에 대한 공공기관의 책임을 더 강조해야 한다. 이와 관련해서 임대인, 공인중개사, 감정평가사의 책임뿐만 아니라 전세대출 금융기관, 보증기관, 정부의 책임도 강화해야 한다. 대출 금융기관은 전세대출 시 전세대출의 확정일자를 확인하는 수준에 그칠 것이 아니라 담보물로서의 임대주택 가치를 검증할 책임이 있다. 보증기관인 주택도시보증공사도 동일하게 이에 대한 책임이 있다. 물적·인적 자원이 충분한 이들 금융기관이 주택 가치를 검증하는 역할을 수행하지 않는다면 이 문제를 해결하기 어렵다.

또한 전세사기 중 가장 악성인 분양형 전세사기에 대한 근본적인 대책
도 필요하다. 우리나라는 공동주택의 경우 30세대 이상일 경우에만 분양
보증의무가 부여된다. 따라서 30세대 미만인 경우 분양보증의 사각지대
에 놓인다. 비주택인 오피스텔의 경우 분양보증 대상이 아니라 후분양 대
상이라서 공정이 80% 이상 진행되어야 분양하는 준공 후 분양규제만 적용
된다. 따라서 30세대 미만의 비아파트시장에서 벌어지는 분양전세사기를
막기 위해서는 30세대 미만 규모의 분양주택까지 분양보증의무를 부과하
고 국가가 직접 관리하는 것이 바람직하다.

근본적으로는 전세보증금을 임대인이 마음대로 사용하는 문제를 개선
해야 한다. 이를 위해서는 대출기관이나 보증기관이 전세금을 확보할 수
있는 방안을 마련해서 대출이나 보증을 해야 한다. 현재처럼 확정일자를
통해 선순위를 보장하는 것 또는 전세금반환보증을 의무화하는 것만으로
는 전세금을 보호하는 데 한계가 있다. 임대주택의 가치를 제대로 평가하
지 못하면서 무차별하게 보증하는 것은 결과적으로 주택도시보증공사의
재정파탄으로 이어질 수 있다. '민간임대주택특별법'에 따르면 등록임대
주택은 지금도 임대보증금반환이 의무화되어 있으나 등록임대주택에서도
전세사기가 급증하고 있다. 따라서 임대보증금반환 의무화 외에도 전체적
인 절차와 과정을 보완하는 장치를 마련해야 한다.

근본적으로는 '주택임대차보호법'에 전세권 설정을 의무화하는 것이 바
람직하다. 현재 전세권을 물권으로 등기하는 것이 가능하긴 하지만 의무
는 아니기 때문에 전체 임대차계약의 1% 수준만 전세권 등기가 이루어지
고 있어 사실상 의미가 없다. 전세권 등기를 의무화하는 것은 전세금반환
보증과 거의 비슷한 효과를 유발하면서도 재정적 부담이 추가되지 않는

다. 따라서 전세권 등기 의무화를 제도개선책으로 반드시 검토해야 한다. 전세임대차계약을 채권거래로 이해한다면 이를 입법화하는 것은 얼마든지 가능하다.

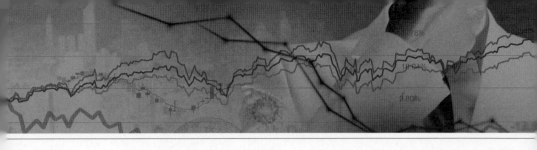

| 제3부 |

노동
노동개혁 정책

제7장

—

누구와 무엇을 위한 노동개혁인가[*]

정흥준

1. 들어가며

이 글은 윤석열 정부가 추진하는 노동개혁의 목적이 무엇인지 살펴보기 위해 작성되었다. 잘 알려진 것처럼 윤석열 정부는 노동개혁, 연금개혁, 교육개혁 등 3대 개혁을 전면에 내세웠다. 그런데 교육개혁은 무엇을 개혁했는지 기억이 나지 않을 정도로 그 결과가 초라하다. 과도한 경쟁을 유발하고 교육 격차를 초래하는 사교육을 바로잡고 공교육을 강화하는 것이 목표였으나 정부의 조치는 강남 대형학원에 대한 세무조사를 추진하는 데 그쳤다.

연금개혁도 기금고갈에 대비하고 미래세대의 부담을 완화하기 위해 추

---

[*] 이 글은 2024년 5월 10일 개최된 서울사회경제연구소 창립기념 심포지엄에서 발표한 내용을 수정·보완한 것이다.

가부담 등을 논의했으나 연금에 대한 실제 개편논의는 여야 간 의견차이로 차기 국회로 넘어갔다. 연금 부담과 보상 기준에 대한 사회적 공감대가 부족한 상황에서 윤석열 정부가 결론을 내릴 수 있을지 알 수 없는 상황이다.

교육개혁과 연금개혁에 비해 노동개혁은 상당히 구체적으로 추진되었다. 국민들의 기억에 남아 있는 노동개혁은 크게 두 가지이다. 하나는 주당 69시간까지 일할 수 있는 변형된 근로시간 개편, 그리고 화물연대나 건설노조에 대한 정부의 강경한 대응이다(파업 진압, 노조간부 수사 등). 이 중 근로시간 개편은 국민적 반대로 무산되었고, 노동조합 활동에 대한 대응은 노조기득권 타파, 법치주의 회복이라는 이름으로 계속 추진 중이다.

종합하면 정부의 핵심 국정 과제였던 3대 개혁 중 연금개혁과 교육개혁은 흐지부지되었으며, 노동개혁은 절반은 실패하고 절반은 여전히 추진 중인데 실질적인 성과를 내지 못한 채 정부와 노동조합 간 갈등만 지속되고 있다. 이 글에서는 윤석열 정부 출범 이후 2년 동안 추진된 정부 노동개혁의 특징을 분석함으로써 노동개혁의 수혜자는 누구인지, 노동개혁의 지향점은 무엇이었는지 살펴보려 한다.

2. 윤석열 정부 2년의 노동정책

1) 노동정책 경과

(1) 반노동조합 정책

윤석열 정부 출범 이후 2년간의 노동정책은 시기별로 정부 출범 이후 6

개월 정도의 짧은 탐색기와 1년 6개월 동안의 반노조 정책 시기로 요약할 수 있다.

윤석열 정부의 반노조 정책은 대표적으로 여덟 가지이다. 구체적으로 ① 화물연대 파업에 대한 업무개시명령과 안전운임제 무력화, ② 건설노조 탄압과 구속, ③ '노조법' 2·3조 거부권 행사, ④ 한국노총 금속연맹 사무처장 폭행·연행, ⑤ 회계장부 공시 강요, ⑥ 타임오프(근로시간면제) 위반 사업장 발표, ⑦ 노동단체 지원예산 삭감, ⑧ 노사 참여 정부 위원회에 양 노총 배제 등이다.

정부가 추진한 반노조 정책의 공통점은 노동조합의 권리를 부정하고 노동조합에 대한 사회적 인정을 거부하는 것이었다. 윤석열 정부의 노동정책은 노동조합의 기능 자체를 부정했다는 점에서 이전 보수정부와 달랐다. 이명박, 박근혜 보수정부는 기업 친화적이긴 했어도 노동조합의 존재 자체를 부정하지 않았고, 특히 상대적으로 온건적이고 합리적인 한국노총과의 협력적 관계를 중요시했다. 이와 달리 윤석열 정부는 노동조합이 가진 특별한 기능(예를 들어 고충 처리, 사회적 재분배)을 인정하지 않았기 때문에 화물연대를 노동조합으로 보지 않았으며 건설노조를 조직폭력배로 표현하기도 하는 등 노동조합이 가진 사회적 대표권을 부정했다.

(2) 반노조 정책에 대한 노동조합의 대응

정부의 반노동정책에 대해 노동조합도 꾸준히 대응했다. 주요 현안이 발생할 때마다 대중적인 집회를 개최했으며 국제노동기구(ILO)에 정부 제소, 검찰에 국토교통부 장관 고발, 공수처에 고용노동부 장관 고발, 대통령 등을 인권위원회에 진정 등 다양한 압박을 시도했다. 이 중 ILO는 양 노총

〈표 7-1〉 탐색기

구분	사건	일자
탐색기	윤석열 후보 대통령 당선	2022.3.10
	화물연대 1차 파업 종료	2022.4.16
	이정식 고용노동부 장관 취임	2022.5.11
	인수위원회 활동 종료, 정부 출범	2022.5.20
	배달노동자 등의 산재보험 전속성 폐지 법안 본회의 통과	2022.5.29
	미래노동시장연구회 출범	2022.7.18
	대우조선 하청노사 파업 잠정 합의	2022.7.22

〈표 7-2〉 반노조 정책의 경과

구분	사건	일자
반노조 전략 추진기	김문수 경사노위 위원장 임명	2022.9.29
	미래노동시장연구회, 노동시간 권고안 발표	2022.12.12
	화물연대 파업에 업무개시명령	2022.11.29
	공정위, 건설노조에 과징금 1억 원 부과	2022.12.28
	대통령, 건설현장 불법활동 엄단 지시(국무회의)	2023.2.21
	고용노동부, 근로시간 관련 입법 예고	2023.3.6
	고용노동부, 회계장부 미제출 노조(52곳) 과태료 부과	2023.3.14
	대통령실, 69시간 근로시간제도 전면 재검토 지시	2023.3.15
	건설노동자 양회동 분신	2023.5.1
	광양제철소에서 농성 중인 한국노총 간부 폭력 연행	2023.5.31
	고용노동부, '노조법' 시행령 개정안 입법 예고(회계공시)	2023.6.15
	보건복지부, 건강보험재정위원회 등에 양 노총 배제, 기획재정부, 세계발전심의위원회에 한국노총 배제 등	2023.3~7
	고용노동부, 타임오프 위반 사업장 조사결과 발표	2023.9.3
	노동단체 지원예산 축소·폐지(국무회의)	2023.9.29
	윤석열 대통령, '노조법' 2·3조 거부권 행사	2023.12.1

〈표 7-3〉 노동조합의 대응

구분	사건	일자
노동의 대응	양 노총 공대위, 결사의 자유 위반으로 정부를 ILO에 제소	2022.7.20
	민주노총(화물연대), 결사의 자유 위반으로 정부를 ILO에 제소	2022.12.20
	건설노조, 원희룡 장관을 검찰에 고소(허위사실 유포)	2023.2.10
	양 노총, 이정식 고용노동부 장관을 공수처에 고발(직권남용)	2023.3.21
	한국노총, 경제사회노동위원회 중단 선언	2023.6.8
	민주노총, 윤석열 대통령 등 정치인 12명을 노조혐오 발언으로 인권위에 진정	2023.12.21
	금속노조, 회계공시 거부	2024.3.12

공공부문 노동자 및 민주노총 화물연대가 제소한 건에 대해 한국정부가 결사의 자유를 위반했다며 시정을 권고했다.

2) 노동정책 평가

(1) 노동에 대한 철학 부재

윤석열 정부가 노동조합을 인정하지 않는 것은 자본주의가 정부라는 방향키 아래 노동과 자본이라는 두 바퀴와 함께 유지·발전된다는 데 대한 철학적 이해가 부족하기 때문이다. 이전 보수정부와 경영계가 노조를 지지하지 않더라도 노동조합의 존재를 인정하고 타협해 온 이유는 큰 틀에서 자본주의를 옹호하기 위함이었다. 즉, 노동조합을 지지하기 때문에 노조활동을 인정한 것이 아니라 자본주의를 굳건하게 만들기 위해서는 노동조합이라는 노동자의 대표체가 필요하다는 것을 인정했던 것이다. 반면 윤석열 정부는 노동조합을 자유시장경제에 해악이 되는 존재로 보고 있어 정당한 노조활동을 기득권으로 보고 제한하려 하고 있다.

윤석열 정부의 반노조 정책은 노동에 대한 대통령의 편협한 시각이 결합된 결과이기도 하다. 후보 시절 윤석열 대통령은 생산직 노동을 "손발노동"으로 폄훼하기도 했으며, "필요하면 120시간 바짝 노동할 수 있다"라고 말하는 등 현실 노동을 거의 모르고 있었다. 대통령에 당선된 뒤에는 ILO가 외국인에 대한 최저임금 배제를 가로막고 있는 것과 관련해 "ILO 협약 탈퇴"라는 발언을 하기도 했고(2023년 11월 30일 국무회의 발언), 화물연대 파업을 "북한의 핵 위협과 마찬가지"라고 발언하기도 했다. 국제비준을 무효화하는 것이 얼마나 어려운지는 차치하더라도 노동자의 파업을 핵 위협과 비교하는 것은 노동에 대해 매우 왜곡된 인식을 가지고 있음을 보여주는 것이었다.

(2) 국민적 공감대를 얻지 못한 노동정책

윤석열 정부가 출범 이후 2년 동안 추진한 노동정책은 노동조합의 배제와 함께 노동정책의 수단화로 요약할 수 있다. 윤석열 정부가 추진한 노조 배제 정책이 국민을 설득할 수 없었던 가장 큰 이유는 보수 지지층을 결집하기 위해 노동정책을 수단화했기 때문이기도 하다.

교섭과 파업 등의 노사관계 정책, 최저임금과 비정규직 등의 노동시장 정책을 다루는 노동정책은 외교, 통일, 국방, 금융, 경제, 문화 등의 분야와 마찬가지로 독립적인 영역이 존재한다. 무엇보다 정부는 노사 모두를 균형적으로 바라보되, 약자의 편에서 정책을 다루어야 한다. 그런데 윤석열 정부는 노동조합을 배제하는 정책을 펼치면 보수층의 지지와 결집을 얻을 수 있을 것으로 보고 다양한 반노조 정책을 추진했다. 일반적으로 기득권층과 보수층은 전통적으로 노동조합 활동을 지지하지 않는데, 윤석열 정부는 이 점을 이용해 화물연대와 건설노조를 억압하고 노조를 인정하지 않는 반노조 정책을 적극 추진함으로써 정권 안정화를 노렸다.

(3) 시대 변화에 둔감한 노동 감수성

윤석열 정부의 노동정책이 국민적 공감을 얻지 못하는 원인 중 하나는 시대 변화의 흐름을 읽지 못하기 때문이다. 정부가 올바른 노동정책을 수립하기 위해서는 노동하는 다수의 국민이 어떤 어려움에 처해 있는지 또는 어떤 기대를 가지고 있는지를 알아야 한다. 그런데 윤석열 정부는 이를 알지 못했고 알려고 하지도 않았다. 예를 들어 노동시장의 절반에 가까운 MZ세대는 무엇보다 일-가정 양립과 자기발전을 중요하게 생각하는데, 정부는 몰아서 주 최대 69시간까지 일하는 노동을 강요하기도 했다. 정부의 근로시간 개편은 실패할 수밖에 없는 정책이었지만 정부 내부에서 누구도 이를 강하게 제어하지 않았다.

결과적으로 윤석열 정부는 노동시간 유연화 정책으로 반등을 시도하려고 했으나 주 69시간 논란으로 실패했다. 또한 노조간부 폭행, 회계공시 강요, 노동조합 배제 정책에 이어 '노조법' 2·3조 거부권 행사가 연이어 이루어지면서 노동조합의 잘못된 관행을 바로잡았다는 긍정적인 평가보다 노동조합에 대한 무리한 정책을 고집스럽게 추진했다는 부정적인 평가를 받고 있다.

(4) 상처만 남은 노동정책

화물연대와 건설노조에 대한 정부의 강경한 대응은 윤석열 정부의 지지율을 일시적으로 40% 수준으로 높였으나 정부의 기대와 달리 그 효과가 지속되지 않았다. 반짝 반등한 지지율은 몇 주 지나 곧 원점으로 돌아갔다. 대신 노동조합과의 갈등으로 인해 정부의 반노동 이미지가 강하게 남았고 노동조합 역시 윤석열 정부에 대해 강한 반감을 갖게 되었다. 반노조 정책의 효과는 갈수록 짧아지는 대신 내상은 오래 그리고 깊게 남게 되었다. 이는 정부가 노사와 함께 추진해야 하는 사회적 대화에도 부정적인 영향을 미쳤다. 사회적 대화를 중요하게 생각해 온 한국노총마저 정부와 진정성 있게 대화하는 것이 어렵다고 판단했으며, 최근에는 사용자단체에 정부를 제외하고 노사 간 대화를 이어가자고 주장했을 정도이다.[1]

3. 누구를 위한 노동개혁인가

1) 노동개혁의 피해자

앞서 살펴본 대로 윤석열 정부는 노동조합을 인정하지 않는 배제 정책을 추진했다. 대표적인 반노조 정책으로는 화물연대에 대한 노조불인정과 건설노조에 대한 수사를 들 수 있다. 정부의 반노조 정책은 결과적으로 해당 산업 노동자에게 소득 감소와 교섭 중단 등의 불이익을 안겨주었다. 정부의 반노조 정책을 구체적으로 살펴보면 다음과 같다.

첫째, 업무개시명령을 통해 화물연대의 안전운임제 연장을 요구하는 파업을 무력화했다. 그 결과 안전운임제는 폐지되었으며 정부가 약속한 표준임금제는 논의되지 않고 있다. 이로 인해 화물운송 노동자의 소득이 크게 줄어들었다. 또한 ILO는 화물연대의 파업을 불법으로 규정하고 대응한 정부에 대해 한국정부가 비준한 결사의 자유에 비춰 화물연대를 노조로 인정해야 한다고 지적하면서 단체교섭 보장, 처벌 금지 등을 권고했다.

둘째, 건설노조의 교섭이 사용자에 대한 공갈과 협박이라면서 600명이 넘는 거의 모든 건설노조간부에 대해 조사를 실시했으며, 이 중 35명을 구속했다. 그 과정에서 억울함을 호소한 노동자(양회동)의 분신·사망 사건도 발생했다. 한편 법원은 정부가 기소한 타워크레인의 월례비 요구에 대해서는 정당한 조합 활동으로 인정했다. 건설노조에 대한 정부의 수사는 ILO에 제소된 상태이다. 하지만 정부의 수사로 인해 건설노조의 활동이

---

1   ≪매일노동뉴스≫, "정부 빼고 노경 2자 대화 제안한 한국노총"(2024. 4. 30).

〈표 7-4〉 정부 반노조 정책의 결과와 문제점

추진 정책	결과	문제점
화물연대 안전운임제 폐지	- 월 소득137만 원 감소(화물연대 316명 설문조사 결과, SBS·≪경향신문≫) - 운임수수료 10% 삭감(MBC)	- ILO, 한국정부가 결사의 자유를 침해했다며 권고 결정(350이사회)
건설노조 교섭 등 노조활동을 공갈·협박 혐의로 입건	- 초기업 수준의 공동교섭 중단(사측 거부, ≪매일노동뉴스≫) - 공갈·협박행위로 35명 구속 - 건설노동자 양회동 분신 사망	- 타워크레인 월례비 요구는 정당한 교섭활동으로 인정(법원) - ILO에 제소
근로시간면제(타임오프) 위반 사업장 조사	- 서울교통공사 노조간부 34명 해고	- 노사자율교섭 저해, 노사 간 협의로 결정한 사항에 대해 노조간부만 징계

위축되었으며, 무엇보다 그동안 진행해 온 초기업 수준의 공동교섭을 사용자 측이 거부하고 있어 임금, 노동조건, 산업안전 등에 관한 논의가 지연되고 있다.

셋째, 정부는 노동조합이 2023년 회계공시를 하지 않을 경우 조합비의 15%에 해당하는 세액 공제를 중단하겠다고 발표했다. 또한 노사 간 조율로 시행되어 오던 근로시간면제(타임오프)제도에 대해 기업 규모별로 사용 한도 시간을 초과한 사례를 조사, 발표하기도 했다. 이를 빌미로 서울교통공사는 노조간부 34명을 해고하기도 했다. 노조활동 시간을 인정하는 근로시간면제제도는 한도가 있기는 하지만 노사 간 자율적인 협의와 승인을 통해 이루어지는 것인데 노동조합에 대해서만 책임을 묻고 있어 노조활동에 대한 의도적인 방해라는 비판도 적지 않다.

2) 무너지는 기초노동질서

윤석열 정부는 출범 후 2년 동안 노동조합 및 사회시민단체의 활동에 대

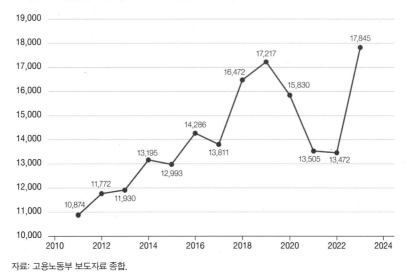

〈그림 7-1〉임금체불 액수(2011~2023년)(단위: 억 원)

자료: 고용노동부 보도자료 종합.

해 정부의 잣대로 압수수색, 구속, 지원중단 등의 조치를 취해왔다. 반대로 정부는 기업에 대해서는 최대한 정부가 지원·협조한다는 입장을 반복해서 보여주었다. 그 결과 사용자들은 당연한 의무인 단체교섭을 해태하거나 약속한 합의를 미루는 등 잘못된 행태를 보이기도 했다.

무엇보다 가장 큰 문제는 임금체불이 급증한 것이다. 2011년 1조 874억 원이었던 임금체불은 이후 계속 증가하다 문재인 정부에서 다소 낮아졌다. 하지만 2023년에는 임금체불이 2011년 이후 최고치인 1조 7,845억 원을 기록했다(〈그림 7-1〉참조). 사회적 우려가 커지자 임금체불을 예방해야 할 고용노동부는 2024년부터 체불사업주를 엄중 단속한다고 밝혔지만 이미 2024년 1분기 임금체불이 5,718억 원으로, 임금체불이 가장 많았던 2023년 1분기보다 40.3%나 증가한 것으로 나타났다. 이는 언론에서 임금체불 정도가 심상치 않다고 반복해서 지적했으나 정부가 획기적인 조치를 취하지 않은 결과이다. 엄밀하게 말하면 기업의 불법경영에 대한 정부와 담당부처의 직무유기이다.

2023년 임금체불을 신고한 국민은 27만 5,432명이었다. 적지 않은 인원이다. 그런데 임금체불 규모보다 더 큰 문제는 인당 체불금액이다. 윤석열 정부 2년 동안 인당 평균 임금체불액은 608만 원이었다. 이는 2011년부터 2021년까지의 인당 평균 임금체불액인 460만 원을 훌쩍 뛰어넘는 액수이다. 임금체불액이 커졌다는 것은 임금체불이 소규모 기업에서만 발생하는 것이 아니며 임금을 체불하는 회사가 갈수록 대범해지고 있음을 의미한다. 윤석열 정부가 강조해 온 법치주의가 유독 사용자의 불법 앞에서는 멈춰 있는 것이 아닌지 의문이 든다.

4. 무엇을 위한 노동개혁인가

1) 사용자 규제 완화

윤석열 정부가 반노동정책과는 반대로 사용자 편향 정책을 추진했다는 사실은 곳곳에서 확인할 수 있다. 첫째, 법인세 25%를 22%로 낮추는 개정안을 국회에 제출했는데, 민주당의 반대로 인해 최종적으로 1%p를 낮춘 24%로 결정했다. 기재부의 추정에 따르면 법인세 인하 금액은 2027년까지 13조 7,000억 원이었다. 결국 법인세 인하, 부자감세 등으로 인해 정부는 심각한 세수 부족을 겪게 되었다.

둘째, 경제형벌에 대한 처벌 완화가 빠르게 추진되고 있다. 경제형벌 규정에 대한 1차 개선이 33건인 데 비해 경제형벌 2차 개선은 108건으로 친기업 정책이 노골화되었다.[2] 경제형벌 완화는 건설공사와 관련된 문제가 발생하면 징역형이나 벌금형에 처하는 처벌규정을 삭제한다든지, 호객행위의 경우 벌금을 부과하는 규정을 과태료로 완화하는 식이었다. 김앤장의 고문변호사조차 정부가 경제사범에 대한 처벌규정을 과도하게 완화하는 것은 자칫 국민의 생명과 안전을 위협할 수 있으므로 옥석을 가려야 한다고 조언했을 정도이다.[3]

셋째, 2017년 국정농단으로 유명무실해진 전경련에 여권 실세인 김병준(윤석열 대통령후보 캠프 상임선거대책위원장)이 회장으로 취임하면서 윤석열 정부 들어 다시 로비 활동이 강화되고 있다. 윤석열 대통령은 2024년 3월 20일 상공의 날에 기업하기 좋은 나라를 천명하기도 했다. 이는 대통령이 노조에 대해서는 자유와 법치를 거역하는 집단이고 필요하면 조사해서 처벌해야 하는 대상으로 인식하지만 기업에 대해서는 정부가 지속적으로 지원해야 하는 대상으로 인식하고 있음을 스스로 보여주는 것이다.

2) 노조의 재분배 기능 약화

이 같은 정부의 행보로 인해 노동조합의 주된 기능 중 하나인 부의 재분배 기능이 약화되고 있다. 노동조합은 시장경제에서 두드러지게 나타나는

---

2 ≪경향신문≫, "윤석열 정부, 친기업 노골화… 경제형벌 108개 풀었다"(2023. 3. 2).
3 한민수, "경제형벌의 완화 정책은 신중히 진행되어야 한다", ≪ifs POST≫(2022. 9. 25), https://www.ifs.or.kr/bbs/board.php?bo_table=News&wr_id=4481

<그림 7-2> 단체협약 적용률과 노동시장 불평등

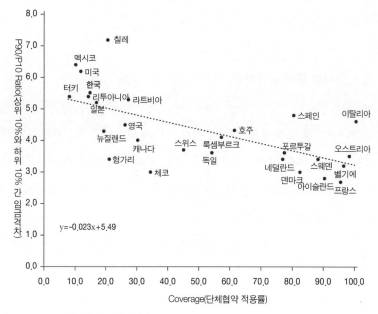

자료: ILO Statistics를 활용하여 필자 작성.

사용자와 개별 노동자의 불균형적인 교섭력을 집단적 힘을 통해 보완하는 기능을 한다. 19세기 말 20세기 초 자본주의가 위기에 직면했을 때 이러한 방법으로 위기를 극복했다.

〈그림 7-2〉는 단체협약의 적용률과 상위 10%와 하위 10% 간 임금격 차를 나타낸 것이다. 이 그림에서는 초기업 교섭 등을 통해 단체교섭 적용 률이 높은 나라일수록 노동시장 내 임금격차가 적은 것을 확인할 수 있다. 우리나라는 노동조합 조직률과 단체협약 적용률은 거의 비슷한데 단체교 섭 적용률이 낮아서 노동시장 내 격차가 큰 나라에 속한다.

윤석열 정부 들어 노동조합 조직률이 14.2%에서 13.1%로 감소했으며,

건설노조와 화물연대, 공공부문 등 초기업 교섭도 크게 줄어들어 노동조합의 재분배 기능이 더욱 축소되었을 것으로 예상된다.

3) 노동시장 불평등 증가

우리나라는 소득의 상위 10%가 전체 소득의 43.5%를 차지하고 있으며 증가율도 가장 빠른 것으로 나타났다. 또한 상위 20% 소득계층이 전체 소득의 62.3%를 차지하는 것으로 나타났다(<그림 7-3> 참조). 노동시장의 불평등은 우리나라가 20 대 80의 사회로 나아가고 있음을 보여준다.

중위임금 2/3 미만에 해당하는 저임금노동자의 비율도 꾸준히 줄어들다가 윤석열 정부 들어 반등해 2022년에는 16.9%를 차지한 것으로 나타났다(<그림 7-4> 참조). 이러한 일련의 결과는 정부가 노동시장 이중구조를 국정과제로 강조했음에도 불구하고 실제 노동시장 내 불평등은 줄어들지 않고 있음을 보여준다.

윤석열 정부 들어 저임금 노동자의 비율이 늘어나는 이유는 다음과 같이 분석할 수 있다. 첫째, 저임금 노동자의 임금이 빠르게 개선되지 않기 때문인데, 이것은 낮은 최저임금 인상률과 관련되어 있다. 정부는 코로나 19 이후 영세 자영업자의 지불능력 등을 고려해 물가인상에 못 미치는 수준에서 최저임금 인상을 결정하고 있다. 둘째, 노동시장 내 격차와 저임금 노동자를 줄일 수 있는 대안적인 정책이 없기 때문이다. 김대중 정부부터 문재인 정부에 이르기까지 모든 정부는 비정규직 관련 정책을 수립했으나 윤석열 정부는 비정규직 관련 정책이 없는 유일한 정부이다(<표 7-5> 참조).

〈그림 7-3〉 소득분위별 평균소득 추이(단위: 만 원)

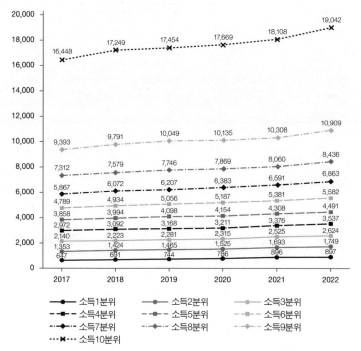

자료: 통계청.

〈그림 7-4〉 연도별 저임금 노동자 비율(단위: %)

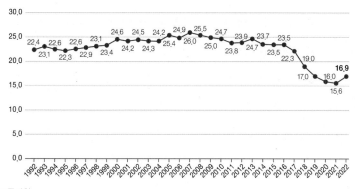

자료: 통계청.

〈표 7-5〉 정부의 비정규직 관련 정책

정부	비정규직 관련 추진 정책
김대중 정부	파견제 도입, 비정규직 통계 정리
노무현 정부	기간제법 제정, 공공부문 비정규직화 추진
이명박 정부	공공부문 비정규직 정규직화, 노사민정 협의 강화
박근혜 정부	공공부문 비정규직 정규직화, 노동시장 선진화와 관련된 사회적 협약
문재인 정부	공공부문 비정규직 정규직화, 비정규직 사회보험 확대
윤석열 정부	없음

4) 국제적 망신, 낮아지는 자존감

세계경제는 글로벌 스탠더드(global standard)를 강조함으로써 특정 기업의 독점을 경계하고 있으며, 이와 더불어 노동기본권 보장을 중요한 가치로 삼고 있다. 이와 관련해 우리나라는 ILO 기본협약을 비준하고 중대재해를 예방하기 위해 '중대재해처벌법'을 제정했다. 또한 주 최대 52시간제를 정비해 실제 노동시간을 줄이는 성과를 얻었다. 한편 초기업 교섭을 확대하고 비정규직 조직화를 통해 노조조직률을 높이는 등 서구 국가들과 다소 다른 특징을 가지고 있었다.

그런데 우리나라가 지금까지 축적해 온 노동기본권 확대의 성과가 윤석열 정부 들어 크게 낮아졌다. ILO와 같은 국제기구는 한국정부의 노동정책에 대해 우려를 표명하기도 했다. 구체적으로 ILO는 한국정부의 화물연대 대응과 공공부문 노사관계와 관련해 한국정부가 결사의 자유를 보장하고 있지 않다면서 시정을 권고했다.

5. 결론: 어떤 사회로 나아갈 것인가

1) 윤석열 정부는 달라질까

정부의 정책이 바뀌기 위해서는 인식과 태도가 바뀌어야 한다. 하지만 노동에 대한 보수 정부의 인식은 달라지지 않고 있고, 이에 대해 외부로부터의 강력한 문제제기도 없는 상황이다. 그렇다면 2024년 22대 총선 이후로도 노동정책은 이전처럼 수단화되거나 배제의 대상이 될 가능성이 높다. 순리대로라면 정부는 총선 결과를 반영해 시대를 역행하는 주 단위 노동시간 개편을 중단해야 하고 사용자 편향적인 노동정책을 바꿔 현장 노동자의 권리를 살펴야 한다. 그러나 보수정부의 노동에 대한 시각은 달라지지 않을 듯하다. 다만, 기존의 정부 정책은 추진 속도가 둔화될 가능성이 있다. 하지만 정권 지지층인 기업에 대한 규제 완화는 꾸준히 이루어질 것이다.

2) 윤석열 정부의 제한된 시간

2024년 총선이 끝나면 윤석열 정부는 시간이 그리 많지 않다. 2027년 2월 대통령 선거가 치러지기 때문에 2026년에는 대통령 선거운동이 매우 큰 이슈가 될 것이다. 2026년 하반기부터는 선거운동이 본격화되기 때문에 정부도 사실상 멈춰 있기 마련이다. 따라서 2026년 상반기는 정부가 기존의 정책을 평가하면서 성과를 정리하는 시기이다. 그렇다면 정부가 정책을 주도적으로 추진할 수 있는 시기는 2024년 하반기와 2025년뿐이다.

문제는 이 기간 동안 윤석열 정부가 정치적으로 많은 도전에 직면할 것으로 예상되기 때문에 노동정책을 심도 깊게 다룰 수 있을지 의문이라는 것이다.

3) 노동계의 대응

윤석열 정부 후반기에는 노동조합이 노동정책의 주도권을 확보할 수 있을 것으로 보인다. 앞서 살펴본 대로 전반기에는 노동정책의 주도권이 정부에 있었다. 그런데 정부는 득점을 하지 못했고 이제 공격권을 노동계에 넘겨주어야 하는 상황이다. 이제 노동조합이 공격권을 가지게 되었으므로 이전과 다른 방향으로 노동정책을 수립할 수 있게 되었다.

앞으로의 노동정책은 다음의 내용을 포함해야 한다. 첫째, 그동안 정부가 추진한 노동정책은 국민적 심판을 받았기 때문에 전면 폐기하고 새로운 노동정책을 수립할 것을 정부에 요구해야 한다. 구체적으로 노동시간 유연화 및 노동조합 배제 정책을 폐기해야 하며 노동조합을 포함한 이해관계자의 의견을 수렴해 새로운 노동정책을 수립해야 한다는 것을 강조해야 한다.

둘째, 정부의 새로운 노동정책은 차별받는 노동자의 권리를 개선하는 방향으로 수립되어야 한다. 노동자 간 차별을 줄일 수 있는 정책을 발굴하고 추진하도록 정부 각 부처에 요구해야 한다. 기존에 정부가 운영한 원하청 상생협의체는 제도 변화의 실효성을 확보하기 어렵다. 따라서 특수고용 노동자, 플랫폼 노동자, 5인 미만 사업장 노동자, 초단시간 노동자 등 차별받는 노동자를 위한 제도개선 방안을 마련해야 한다. 이 노동자들은 여러 가지 제약에 의해 노동관계법에서 차별적으로 적용을 받고 있기 때문이다.

(1) 반노동정책 폐기

총선 이후 노동조합의 노동정책 목표는 그동안 추진되어 온 정부의 반노동정책을 중단하는 것이다. 이를 위해 윤석열 정부 집권 전반기에 수립된 노동정책을 폐기하기 위한 평가토론회를 개최하고 잘못된 정책으로 인해 발생한 폐해를 사회적으로 알려야 한다. 총선 결과는 정부 정책을 대대적으로 개편할 것을 요구하고 있기 때문이다. 따라서 정부가 총선 민심을 거스르고 아무런 반성 없이 기존의 반노동정책을 유지한다면 노동조합은 이에 대해 강하게 문제제기를 할 수 있으며 이에 대한 사회적 정당성도 확보할 수 있다.

정부는 총선 이후 야당의 특검 요구에 직면하는 것은 물론 각계각층의 이해관계자(예를 들어, 의사)의 반발에 직면할 가능성이 높아졌다. 여당 내부도 총선 이전처럼 정부를 옹호할 수 없는 상황이다. 이때 물리적 동원능력을 가지고 있는 노동조합이 활동한다면 정부에 압력을 가할 수 있다.

(2) 노동존중 법안의 의제화 및 법 제(개)정 추진

노동조합의 또 다른 정책 목표는 노동존중 정책을 의제화하고 입법을 추진하는 것이다. 앞서 살펴본 대로 대통령은 더 이상 거부권을 계속 행사하기 어려운 상황이며, 여당도 재의결 시 계속 반대를 고수하기에는 정치적 부담이 적지 않다. 노동관계법 개정에 대해서는 보수정당과 대통령의 의견이 일치하므로 대통령이 거부권을 행사할 경우 통과될 가능성이 낮다. 따라서 어떤 정책을 법제화할 것인지를 정하는 것이 중요하다. 다음은 법제화할 수 있는 몇 가지 정책 사례이다.

① 5인 미만 사업장에 노동관계법 적용(한국노총과 민주노총의 공통된 총
  선 정책)
② '노조법' 2·3조 개정(한국노총과 민주노총의 공통된 총선 정책)
③ 초단시간 노동자에게 노동관계법 적용
④ 돌봄노동기본법 제정(한국노총과 민주노총의 공통된 총선 정책)
⑤ 동일임금 동일노동의 법제화(한국노총의 총선 정책)
⑥ 상병수당 법제화
⑦ 정년연장(65세) 법제화(한국노총의 총선 정책)
⑧ 일하는 사람 기본법 제정(한국노총의 총선 정책)
⑨ 주4일제 도입을 위한 '근로기준법' 개정(한국노총과 민주노총의 공통된
  총선 정책)

이 외에도 노동단체 지원금 원상회복, 초기업 교섭(산업별, 업종별 교섭)
확대를 위한 지원방안 마련, 복지재정 확대, 산업전환에 따른 노동조합의
실질적 참여 보장 등을 정부에 요구할 수 있다.
국회에서 법안이 발의되고 상임위원회와 본회의를 통과하는 것이 쉬운
상황은 아니다. 더구나 본회의를 통과하더라도 대통령이 다시 거부권을
행사할 가능성도 존재한다. 취약노동자의 권리를 개선하는 노동 법안을
적극적으로 추진해 국회 본회의를 통과한다면 국민들에게 노동정책을 의
제화할 수 있는 좋은 계기가 될 것이다. 그리고 설령 대통령의 거부권으로
인해 법안이 무력화되더라도 향후 입법 가능성을 높일 수 있을 것이다.

4) 맺으며

22대 총선에서 국민이 윤석열 정부와 여당에 대해 던진 메시지는 명확하다. 기존의 정책을 폐기하고 새로운 비전을 보여달라는 것이었다. 노동정책도 예외가 아니다. 윤석열 정부의 집권 후반기는 정부가 주도하는 국면이 아닐 것이다. 야당의 공세가 이전보다 더욱 거세질 것이며 야당의 선명성 경쟁도 21대 국회보다 더 치열해질 것이다.

야당의 공세가 이전보다 강해지는 데 비해 정부의 수비능력은 그다지 강하지 않을 것으로 보인다. 원래도 정책을 수립할 때 꼼꼼함이 부족한 정부였다. 여기에 더해 여당의 지원도 이전 같지 않을 것이고 보수진영 내부적으로 정책 실패에 대한 책임 공방도 계속될 것이다. 따라서 남은 집권기간에는 상당한 혼란이 예상된다. 이 시기에 노동운동은 윤석열 정부의 위기를 강 건너 불구경 하듯 방관해서는 곤란하다. 치열한 논쟁이 벌어지는 현실로 뛰어들어 노동자의 권리를 요구하고 쟁취하는 활동을 적극적으로 배치해야 한다. 노동조합이 정부에는 노동정책의 변화를 요구하고 국회에는 노동입법을 의제화하기 위한 노력을 요구한다면 새로운 노동정책이 수립될 수도 있을 것이다.

제8장

—

임금체계 개편 정책의 의도와 맥락[*]

홍민기

1. 서론

2022년 출범한 윤석열 정부는 국정과제 가운데 하나로 임금체계 개편을 제시했다. 연공형 임금체계를 직무급제로 개편해야 한다는 주장이었다. 연공급은 근속 기간에 따라 기본급이 상승하는 체계인 반면, 직무급은 직무의 특성(난이도, 업무 강도, 책임 정도, 기술 등)에 따라 임금이 결정되는 임금체계이다.[1]

그동안에는 근속 기간에 따라 임금이 증가하는 것이 나름 합리성 있다

---

* 이 글은 필자의 개인적인 견해이므로 서울사회경제연구소의 입장과 일치하지 않을 수 있다.
1 직능급은 능력 혹은 숙련에 따라 임금이 결정되는 체계이다. 숙련도는 근속연수와 상관관계가 있으므로 어느 정도 연공성을 갖는다. 한편 평가에 근거하는 성과급은 독자적으로 작동하기보다 다른 임금체계에 추가되는 경우가 많다.

는 주장이 많았다. 신고전파 노동경제학 교과서에서도 연공급의 합리성에 관해 길게 설명되어 있다. 그런데 윤석열 정부는 임금체계 개편안을 통해 연공급이 매우 비합리적이라고 비판한다. 이 글에서는 근속-임금 관계에 대해 살펴보고 임금체계 개편 방향에 관해 논의하고자 한다.

2. 연공급에 관한 이론적 논의

신고전파 노동경제학 교과서에서는 근속 기간에 따라 임금이 증가하는 이유에 관해 세 가지 설명이 가능하다고 본다.[2] 첫째, 근속에 따라 생산성이 상승하기 때문이다. 둘째, 기업 특수적 투자에 관한 보상이기 때문이다. 셋째, 장기근속을 유도하기 위해 근속이 적을 때에는 임금이 생산성보다 낮고 근속이 많을 때에는 임금이 생산성을 초과하도록 임금 곡선이 설계되었기 때문이다. 이를 지연된 보수(delayed compensation) 체계라 한다. 근로자 입장에서 보면 소비지출이 적은 청년기에 임금을 적게 받고 지출 수요가 많은 중장년기에 임금을 많이 받는 것이 안정적인 생활을 유지하기에 유리하므로 지연된 보수체계가 더 좋은 측면도 있다.

윤석열 정부의 임금체계 개편안에서는 고도 성장기에는 연공급이 순기능을 갖고 있었지만 저성장 시대에는 역기능이 크다고 본다. 연공급으로 임금이 상승하는 노동자는 대기업 노동자, 노조 가입 노동자, 정규직 노동자이기 때문에 연공급의 적용을 받지 못하는 무노조 노동자, 중소기업 노

---

2   에렌버그·스미스(Ronald Ehrenberg and Robert Smith), 『노동경제학: 이론과 공공정책』 8
     판(교보문고, 2003).

동자, 비정규직 노동자와의 임금 격차가 확대된다는 것이다. 그리고 고령 자일수록 생산성에 비해 임금이 높기 때문에 고령자가 많은 기업에서는 인건비 부담이 증가해 노동수요, 특히 청년층에 대한 노동수요가 감소할 수 있다고 본다.

3. 연공급에 관한 실증 분석

그렇다면 통계 자료를 통해 근속-임금 관계에 관한 사실을 확인해 보자.

(1) 한국은 외국에 비해 근속-임금 기울기가 가파르고, 장기근속 확률 은 낮다. 1인당 국민총소득(GNI) 수준의 임금을 1로 설정하고 근속기간별 임금의 비율을 계산해 보았다.[3] 근속 1년 미만, 11~15년 근속, 30년 이상 근속의 경우 한국은 임금이 0.72배, 1.39배, 2.43배로 증가한다. 한편 OECD 국가는 0.86배, 0.96배, 1.27배로 증가한다. 한국은 초임이 상대 적으로 낮고, 근속-임금 기울기가 가파르다. 반면, 10년 이상 근속의 비중 은 한국 19.0%로 OECD 국가 평균 33.9%에 비해 낮다. 한국의 근속 기대 임금(근속 확률×근속 임금)은 외국에 비해 낮다. 한국의 연공급은 승진 사 다리를 많이 만들어서 탈락자를 만들고 소수의 승자에게 높은 임금을 부 여해 경쟁을 유발하는 토너먼트식 임금체계로 보인다.

(2) 그동안에는 연공성이 확대되지 않았고, 장기근속 비중이 조금씩 증 가했다. 근속 2년 미만의 임금을 1로 설정했을 때, 근속 20년 이상의 임금

---

3   고용노동부, 「고용형태별 근로실태조사」 (2018).

의 비율은 1997년 2.74, 2007년 2.89였고, 2016년에는 2.77로 거의 변화가 없다.[4] 20년 이상 근속한 노동자의 비중은 1997년 2.8%에서 2016년 10.7%로 증가했다.

(3) 기업의 인건비 부담이 크게 증가하지 않았다. 매출원가 대비 인건비의 비중은 2009년 12.4%에서 2021년 14.1%로 다소 증가했다.[5] 그동안 호봉제를 채택하는 기업이 줄어드는 추세였으므로 인건비 비중이 조금 증가한 것이 호봉제와 관련 있는 것은 아니다. 이 기간 동안 매출원가 대비 고정비(감가상각비, 보험료, 임차료, 이자비용 등) 비중은 49.4%에서 52.9%로 증가했다. 대신 재료비 비중이 38.2%에서 32.9%로 감소했다.

(4) 연공성이 호봉제 여부에 따라 차이 나는 것은 아니다. 초봉 대비 근속 20년 임금의 비율을 보면 호봉제를 채택한 기업에서는 2.39배, 기타 기업에서는 2.34배이므로 통계적으로는 차이가 없다.[6] 자료 분석 결과에 따르면, 근속에 따라 임금이 증가하는 경향은 임금체계와 무관하다. 호봉제 때문에 연공성을 갖는 것은 아닌 것이다. 즉, 연공급과 호봉제는 같은 개념이 아니다. 직무, 능력, 성과 등 임금 지불 기준이 다를 수 있지만 어떠한 임금체계에서든 연공성이 발견된다. 직무급도 연공성을 배제하지 않는다.

(5) 근속과 생산성 간의 관계는 분명치 않다. 국내 논문을 검색해 보았지만 관련 연구를 발견하지 못했다. 기업 단위로 생산성을 측정할 수는 있지만 근속별로 생산성을 알 수 있는 자료는 없다. 기업별 근속 비중과 생산성 간의 관계를 살펴보면 간접적으로 관련성을 파악할 수 있겠지만 이런

---

4   고용노동부, 「임금구조기본통계조사」, 각 연도.
5   한국은행, 「기업경영분석 자료」, 각 연도.
6   한국노동연구원, 「사업체패널조사」(2019).

<표 8-1> 호봉제 효과에 관한 고정효과 패널 회귀

종속변수(로그)	계수값	표준오차	t값
근로자수	0.002	0.021	0.09
1인당 인건비	0.001	0.014	0.08
1인당 부가가치	0.059	0.035	1.71

주: 자본량(유형자산)과 연도 효과를 통제하고 패널가중치를 사용함. 호봉제 채택은 1 아니면 0임.
자료: 한국노동연구원, 「사업체패널조사」(2015~2019년 자료), 관측치 3,985개.

연구도 거의 없으며, 오래 근속한 노동자의 비중이 높은 기업일수록 생산성이 감소한다는 증거는 발견되지 않았다.

(6) 사업체패널 자료로 고정효과 패널 회귀분석을 수행한 결과, 호봉제 채택 여부가 근로자 수, 1인당 인건비, 1인당 부가가치에 유의한 효과를 미치지 않았다(<표 8-1> 참조). 임금 지불 형태가 기업의 고용, 인건비, 부가가치에 영향을 주지 않는 것으로 드러난 것이다.

(7) 대기업에서 근무하고 노조에 가입해 있으며 근속이 긴 정규직 고임금 노동자의 수는 매우 적다. 300인 이상 기업에서 근무하고 노조에 가입해 있고 근속 10년 이상이고 월 임금 500만 원 이상인 노동자는 약 24.6만 명이다.[7] 이는 민간 기업 근로자(약 2,007만 명)의 1.2%이다. 생산직으로 한정하면 10.1만 명으로 민간 기업 근로자의 0.5%를 차지한다. 연공급의 혜택을 받는 노동자들이 자신의 생산성보다 높은 임금을 받는지도 불분명하다.

이상의 실증 분석 결과를 종합하면, 연공급이나 호봉급의 경제적 합리성 또는 불합리성을 명확하게 주장할 만한 충분한 실증적 근거가 없는 것

---

7 고용노동부, 「근로형태별근로실태조사」(2021).

으로 판단된다. 연공성은 호봉제와 상관없이 나타난다. 호봉제 여부는 기업의 고용, 인건비, 생산성에 영향을 주지 않는다. 그리고 근속과 생산성 간의 관련성도 아직 분명히 밝혀진 것이 없다. 대기업에서 근무하고 노조에 가입해 있으며 근속이 긴 정규직 고임금 노동자의 비중은 매우 적다. 따라서 극히 일부 사업장에서 나타나는 사례를 일반화해서 확대하는 것은 아닌지 살펴보아야 한다.

4. 연공급은 불공정한가

입직 초기에 노동자가 받는 저임금과 비교하면 장기근속 근로자가 받는 고임금은 불평등하다고 생각할 수도 있다. 하지만 장기근속이 가능해서 전체 재직 기간 동안 받는 임금 총액이 같다면 세대 간 혹은 근속 간 임금 차이가 나는 것이 불공정하다고 할 수 없다. 장기근속이 어렵다면 특정 시점을 기준으로 임금 차이를 비교해 불평등하다고 말할 수도 있을 것이다. 다만, 만약 지연된 보수 이론이 맞다면 장기근속자는 입사 초기에 생산성보다 낮은 임금을 받았던 대가로 지금 고임금을 받는 것인데, 생산성보다 높은 임금을 받는다고 비난받는다면 매우 억울할 것이다.

5. 임금체계 개편과 노동법

상당수의 공공기관은 이미 호봉제를 폐지했다. 정부가 민간 기업에 임금체계를 바꾸라고 강제할 수는 없다. 민간 기업은 자사에 유리한 임금체계를 선택할 것이다. 경제적 합리성이 불분명하고 민간 기업에 강제하기도 어려운데 윤석열 정부는 왜 임금체계 개편을 중요한 정책으로 설정했는지 의문이 들 수도 있다. 하지만 법적인 문제를 고려하면 중요한 사실이 발견된다.

임금체계는 어떻게 개편하든지 간에 '근로기준법'의 적용을 받는다. '근로기준법' 제94조에 따르면, 취업규칙을 근로자에게 불리하게 변경할 경우 근로자의 과반수로 조직된 노동조합의 동의를 얻어야 하며, 과반수 노조가 없는 경우 근로자 과반수의 동의를 얻어야 한다. 이 법에 따르면, 임금체계 개편으로 근로자의 임금이 상승한다면 상관없지만, 이미 고용된 근로자의 임금이 삭감된다면 취업규칙 불이익 변경이므로 노동조합이나 근로자 과반수의 동의를 얻어야 한다. 보통의 경우라면 임금 삭감에 동의하는 노동조합이나 근로자는 없을 것이다. 따라서 '근로기준법'을 감안하면 이미 고용된 근로자의 임금을 삭감하기는 어려우며, 개편된 임금체계는 신규 입직자부터 적용할 수 있다.

이와 관련해, 2023년 12월에 발표된 미래노동시장연구회 권고문 참고 자료에서는 취업규칙 변경을 사업장 전체에 적용하는 것이 아니라 직무, 직종, 직군 단위로 적용할 수 있도록 제도를 바꾸겠다고 밝혔다. 이렇게 되면 노동조합의 대표성과 협상력이 약화되고, 사용자는 임금이나 근로 시간과 같은 취업 규칙을 쉽게 바꿀 수 있게 된다. '근로기준법'과 연관시켜서 보면 임금체계 개편 정책은 파급력이 상당할 수 있다. 취업규칙의 변경 방식을 규정한 제94조는 '근로기준법'의 근간이다. 하지만 노동계의 반발과 현재의 국회 구성을 감안하면 명분이 어떠하든 간에 '근로기준법'의 근간을 흔드는 개정을 하기는 어려울 것이다.

6. 해결 방법은 무엇인가

현재 '근로기준법'에 따르면, 이미 고용된 노동자의 임금을 낮추기는 어렵다. 따라서 임금의 연공성을 낮추려면 신규 입직자의 임금을 높여야 한다. 다른 방법도 있다. 고용안정성을 높여서 연공급의 혜택을 청년층과 비정규직이 누리도록 하는 것이다. 노동조합을 확대하고 단체 협약률을 높이면 고용안정성이 높아진다. 이렇게 하면 임금 격차를 둘러싼 세대 간의 갈등이나 정규직과 비정규직 간의 갈등도 완화할 수 있다. 하지만 윤석열 정부의 임금체계 개편 논의에서는 이러한 방법은 전혀 고려하지 않고 있다.

직무의 성격에 따라 임금을 결정하는 것은 불평등 완화에 도움이 될 수도 있다. 또한 동일한 일을 하면서도 고용 형태(정규직/비정규직)나 인적 속성(성, 연령 등)에 따라 임금을 다르게 받는 차별의 문제를 완화할 수도 있다. 그런데 언어에서도 단어 자체가 아니라 맥락이 중요하듯이, 정책도 맥락이 중요하다. 직무급으로 임금체계를 개편하는 정책은 차별과 불평등을 완화할 수도 있지만, 임금을 삭감하고 노동자의 단결권을 약화할 수도 있다. '정의사회 구현'과 '녹색 성장'을 내건 정책이 실제로 정의로운 사회를 구현하고 친환경적인 성장을 도모했는지는 정책의 의도와 제안된 맥락에서 판단해야 한다. 임금체계를 개편하는 정책도 마찬가지이다.

지은이(수록순)

김용복
서울대학교 경제학 학사·석사·박사, 현대경제연구원 연구위원 역임, 현 서울사회경제연구소 수석연구위원
주요 논저:『한국의 산업금융 100년사』(공저),「이집트 산업정책 및 산업구조 분석과 한·이집트 산업협력 전략」(공저) 외 다수

류덕현
서울대학교 경제학 학사·석사, 미국 라이스 대학교 경제학 박사, 한국조세재정연구원 전문연구위원 역임, 현 중앙대학교 기획처장 겸 경제학부 교수
주요 논저:『정책의 시간』(공저),『2025 한국경제 대전망』(공저) 외 다수

강병구
인하대학교 경제학 학사·석사, 미국 뉴욕주립대(빙엄턴) 경제학 박사, 인하대학교 사회과학대학장, 한국재정정책학회 회장, 국세행정 개혁TF 단장, 재정개혁특별위원회 위원장, 세제발전심의위원회 위원장, 소득주도성장특별위원회 위원 역임, 현 인하대학교 경제학과 교수
주요 논저:「불평등 해소를 위한 재정정책」,「사회지출의 자동안정화기능에 대한 연구」,「세제개혁의 방향과 과제」,「법인세의 경제적 효과 분석」 외 다수

임재만
연세대학교 경영학 학사·석사·박사, 한국부동산연구원 책임연구원, 대구대학교 부동산학과 교수 역임, 현 세종대학교 산업대학원 부동산자산관리학과 교수
주요 논저:『부동산금융론』(공저) 외 다수

이상영
서울대학교 경제학 학사·석사·박사, 부동산114 대표이사 역임, 현 명지대학교 부동산학과 교수
주요 논저 : 『내일의 부동산파워』, 『임대주택산업론』(공저) 외 다수

정흥준
성균관대학교 학사, 고려대학교 석사·박사, 현 서울과학기술대학교 경영학과 부교수
주요 논저: 『오줌인형 잡기』(공저), 『노동자로 불리지 못하는 노동자』(공편) 외 다수

홍민기
서던 캘리포니아 대학교 경제학 박사, 현 한국노동연구원 선임연구위원
주요 논저: 「한국고용구조의 변화」, 「노동시장 수요독점력 측정」, 「정부지출의 고용효과」외 다수

한울아카데미 2564
서울사회경제연구소 연구총서 43

윤석열 정부의 경제정책 전환, 무엇이 문제인가

ⓒ 서울사회경제연구소, 2025

엮은이 | 서울사회경제연구소
지은이 | 김용복·류덕현·강병구·임재만·이상영·정흥준·홍민기
펴낸이 | 김종수
펴낸곳 | 한울엠플러스(주)
편 집 | 신순남

초판 1쇄 인쇄 | 2025년 1월 2일
초판 1쇄 발행 | 2025년 1월 20일

주소 | 10881 경기도 파주시 광인사길 153 한울시소빌딩 3층
전화 | 031-955-0655
팩스 | 031-955-0656
홈페이지 | www.hanulmplus.kr
등록번호 | 제406-2015-000143호

Printed in Korea.
ISBN 978-89-460-7564-1 93320

※ 책값은 겉표지에 표시되어 있습니다.